如何把话
说清楚

[日]斋藤孝 著　董纾含 译

天津出版传媒集团
天津人民出版社

果麦文化 出品

目 录

前言 一开始先学会"把话说清楚"   1

第一章 培养"把话说清楚"的核心能力

1. 不能把事情说清楚的人比比皆是   6
2. 通过能不能"说清楚",领导可以看出你的才智   9
3. "说清楚"必须掌握三种核心能力   12
4. 时间感知力:稍加锻炼就能见效   14
5. 概括力:像直升机一样直扑目标   16
6. 最会概括的人能做到"一句话说明"   18
7. 根据对方可以记住的程度进行概括   21
8. 例举力:用大致能懂的东西,解释不容易听懂的东西   26
9. 足够精妙的例子,一个就够了   29
10. 展示实物就是最好的例举   32
11. 糟糕的说明是什么样的?   35

第二章 学习"把话说清楚"的基本套路

1. 一段优秀说明的基本结构	38
2. 选出关键词,并用概括法串联起来	41
3. 从对方的情绪出发,思考如何开场	44
4. 总结要点时只说三条	47
5. 找出一段内容中最应该说清楚的那部分	52
6. 用目录思维提炼要点	55
7. 说清楚是快速表达与慢速表达的相乘效果	59
8. 善用比较法,瞬间就能把事说清楚	62
9. 如何挑选适当的例子?	67
10. 用疑问句辅助说明	69
11. 把难懂的内容放在后面	71
12. 开口前先弄清对方的需求	74

第三章 进行"把话说清楚"的日常训练

训练1：通过日常聊天锻炼"说清楚"所需的瞬间爆发力　78

训练2：个人经历是训练说明力的好素材　82

训练3：能让说明又快又准的"十五秒练习"　87

训练4：从随处可见的广告学习说明技巧　90

训练5：把听的人假想成小孩子　93

训练6：随身携带秒表，锻炼时间感知力　96

训练7：为别人的说明打分　99

训练8：总结最近读过的一本书　102

训练9：用三色笔整理说明思路　107

训练10：锻炼只用一张A4纸就能说清事情的架构能力　110

第四章 实践"把话说清楚"的实用技巧

1. 一开场马上吸引住对方的"普遍观点＋但是"说明法　114
2. 适当加入主观感受，让说明更生动　118
3. 请聆听的人参与到你的说明过程中　121
4. 想让对方理解，就要适度留白　125
5. 让听的人产生获得感　127
6. 制作易懂的图解　130
7. 巧妙的说明并不拘泥于时间顺序　133
8. 用智能手机和平板电脑辅助说明　135
9. 开口前先想好结尾那句话　137
10. 培养把事说清楚的气场　139
11. 隐藏自己的紧张感　141
12. 用吐槽的方式调整说明节奏　143
13. 说明时要注意语气、语音和语速　145
14. 让你的说明更具个人特色　147

结语　一定要为每次优秀的表达鼓掌　150

前言
一开始先学会"把话说清楚"

我从1993年起就在大学任教，很多学生毕业后都对我说：老师当年锻炼我们说明力（这是一个日文词汇，等同于中文里"把一件事说清楚的能力"）的课程，对现在的职场生活很有帮助。

我一直认为，在现代社会，拥有出色的说明力是可以提升幸福感的。因为你能花最少的时间最大限度地传递信息，为自己，也为他人节约时间。

但其实，不是所有人都具备优秀的说明力，能简洁、准确、生动地把一件事说清楚。具体点说，有约百分之九十的人对自己的这一能力感到不满。

每个人从幼年时起，就或多或少地开始按照自己的方式跟别人说事情了，但这并不意味着可以熟能生巧，逐步锻炼出优秀的说明力。在我这个有多年大学执教经验的人看来，如果不以"培养出色的说明力"为目的去进行专门训练，就无法真正拥有这种能力。

我在大学里授课时，每周都会为学生们留一项作业，请他们根据某个主题，进行一分钟的口头说明。

一开始，大多数学生都不能很好地完成任务。有人把前述部分拉得过长，于是很难将完整的内容塞进一分钟之内；有人倒是在一分钟内完成了说明，但没能讲到核心内容；还有人说得过快，三十秒就全讲完了。在所有学生中，只有约百分之十的人能第一次就出色地完成陈述。

这也很正常。学生们从来没有用秒表做过表达能力的限时训练，不知道自己在这方面存在哪些问题；他们也没有参加过表达能力方面的口头测试，因为学校组织的考试都是侧重笔头的。所以他们才没有足够的意识去提醒自己加强表达能力。

可一旦步入社会，能把一件事很好地讲清楚就突然变成了一种被极为看重的能力。在职场上，上司经常要求下属条理清晰地解释一个问题，这方面表现得越好，就越受欢迎。在日常生活中，有些人能把非常复杂的事情讲解得简洁易懂，被夸奖为"脑子好"。反之，如果一个人早已成年，说话却不得要领，总是讲不清自己的想法，周围人往往会对其产生负面评价，认为这个人"思路不清"。

很多人都希望提高自己的说明力，但很少有人知道有效的提升方法。本书面向的正是绝大多数未能掌握优秀说明力的人。希望读者们能将这本书当作一间"说明力训练教室"，我会把自己在大学的授课经验倾囊传授，把每一项训练的方法和诀窍都写清楚，指导大家提高自己的表达能力。

其实，只需将一直以来处于无意识状态的说明行为转变为有意识的自我训练，提醒自己要多加注意，你的说明力就会突飞猛进。而本书不仅能帮你提高相关意识，还给出了一些难度适中的训练。比如前文说过的一分钟口头说明训练，只要练习三四次就能有肉眼可见的进步。到了毕业时，学生们常有脱胎换骨般的改变。这一点，我每年都深有体会。

本书共有四章。第一章总体阐述说明力是一种什么样的能力，要拥有这种能力，我们又需要掌握哪些具体技能。我会用一个问题贯穿本章——为什么人们普遍认为说明力优秀的人"脑子好"呢？找到这个问题的答案，就能搞清说明力的本质。第二章将告诉大家，做一段优秀的说明必须遵循哪些套路。掌握这一点，就能为飞速提升说明力打好基础。第三章具体介绍一些提高说明力的日常训练科目，选择其中适合自己的方法并坚持下去，就能够切实地看到进步。第四章是说明力的实际运用，我会介绍在日常沟通中常用的几种说明技术，以及说明事物前进行准备的方法。

　　真诚希望读过本书后，读者们都能拥有令周围人刮目相看的优秀说明力。

斋藤孝

第一章

培养
"把话说清楚"的
核心能力

不能把事情说清楚的人比比皆是

生命的本质就是时间。每个人都希望能够有效利用时间，去做对自己更有价值的事情。然而，我们在日常生活中并不能随心所欲地使用自己的全部时间。尤其是在职场上，很多人都对开会、做报告造成的时间浪费感到不满。我也经常从在公司上班的朋友那里听到过诸如"我们公司的会议总是又臭又长""只要收到部下的问题报告，就没法好好工作了"等很多抱怨。

造成这些问题的一个重要原因，就是说明力的不足。如果主持会议的人说了半天都不能把事情讲清楚，那么开会的时间必定会无意义地延长。问题报告也是一样，如果下属说明问题时思路不清晰，上司就始终无法掌握事态全貌，自然也就找不到解决问题的办法了。

一个在解释说明方面能力低下的人，会不断地剥夺身边人的时间。反之，说明力强的人，则能够高效地处理信息，绝不浪费周围人的时间。我认为，不浪费他人时间，就是不浪费他人的生命，这自然是在提高他人的幸福度。

说明力就是如此地不可或缺，可真正掌握这种能力的人少之又少。大部分人根本不知道什么叫优秀的说明力，只是毫无意识地按照自己的想法在陈述事情罢了。所以，当偶然遇见一个能在短时间内把问题说清楚的人时，大家就会发出"真精彩呀"的感慨。

说明力是生活中时常使用的一种能力。从小学一年级开始，它就是一种必备能力了。在学习各门课程时，在整个校园生活中，学生都需要具备一定的说明力。可是在学校的教育体系中，说明力并没有被设置成具体的科目，它

只是如同空气一般，理所当然地存在于我们身边。所以，大部分人从未特意花时间专门去锻炼自己的说明力。

正因如此，哪怕是十分优秀的大学老师或商务人士，一旦被要求对某件事做出解释说明，不少人的表述往往也是含混拖沓的。在短短的一分钟内，很多人会顺嘴说出五六次诸如"那个"之类没有意义又啰唆的词。

之所以会产生这种问题，就是因为没有将"说明"和"时间"结合在一起去思考。从根本上讲，优秀的说明力就意味着优秀的时间感知力。

构成说明力的要素有很多，居于首位的就是时间感知力。

生活在现代社会之中，我们总是面临这样的状况：明明没给时间，却要及时理解并表达"意思"。在这种情况下，如果一个人能高效地传递"意思"，那他必然会因为帮他人节约了时间而广受欢迎。我认为，如果你能始终对时间保持关注，锻炼自己的时间感知力，那么就能逐渐提高自己的说明力，令身边的人刮目相看。

通过能不能"说清楚",
领导可以看出你的才智

通过不经意的谈话,我们往往能够窥见一个人的才智,尤其是在说明某件事情的场景下,会更加明显。

为什么说明力可以展现出一个人的才智呢?

对于"脑子好"的评价标准有很多,"理解力强"是认可度最高的一个。如果一个人能够理解错综复杂的情况,并在头脑中将其梳理得井然有序,那么在别人眼中,他就有聪明的头脑。而这种理解程度,往往是在向他人进行说明的过程中展现出来的。大多数理解能力强的人,都可以一边吸收信息,一边在头脑中排列出一个方便他人理解的说明顺序。

但如果让一个理解力匮乏的人去做说明,听的人会觉得他讲话云山雾罩，搞不懂到底在说什么，从而陷入不安情绪中，还会产生"或许他对这件事很熟悉，但是智商可能还不太够吧"的印象。

在处理一些纠纷时，理解力强的人能直接找到问题的本质，快速得出"应该这样做"的结论。但如果没能准确地掌握本质要点，说起话来就会拖拖拉拉地绕圈子，甚至还要一边试探一边往下讲。对于听的人来说，这样的说明或许很细致，但是没什么效果。

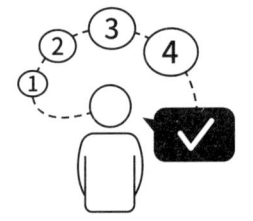

所以，想要锻炼出更优秀的说明力，就要学会从需要说明的事物中提取要点，再构建一个便于理解的体系。换句话说，就是要有概括力，能在有限的时间内完整吸收并表达思想。

一个概括力强的人做一分钟说明时，会让听的人觉得"这个人学识真渊博，讲得头头是道，我完全听懂了"。

但要注意的是，说明力弱的人不一定就是理解能力低下。说明力是一种输出技能，一个人如果从未有意识地钻研过相关技术，那么在做说明时自然会拖拖拉拉，不得要领。在大学老师、专家学者这个群体中，同样存在着不擅说明的人。他们绝不是理解力差，只是对"说明"这种"输出"性质的行为没有意识罢了。另外，研究者的工作就是不断在未曾探寻过的黑暗中摸索，一点点突破空白，这决定了他们很难用简单易懂的语言去说清楚一件事。

不过，上面提到的都是特殊情况，在普通人的日常生活中，说明就是一种技术，只要有意识地锻炼，就能够获得提高。本书后面的章节中会详细介绍提高概括力的训练方式，帮助读者们进一步提高说明力。

"说清楚"必须掌握三种核心能力

除了前文提到的时间感知力和概括力之外,说明力还有一个必需要素,那就是恰当地举出具体案例的能力——例举力。因为就算抓到了要点,也能够在规定时间内简洁明了地陈述,但所说的内容太过抽象,那么听的人仍然很难理解到位。

例如,当你在求职面试时说:"读书时我在各方面都是很努力的。"面试官一定会追问:"各方面?比如说呢?"这时候如果含糊地回答"就是打工啊,学习啊之类……",或者"现在马上举出例子来有点困难……",那就意味着你并没有很好地向面试官说清楚自己究竟是一个什么样的人。那么面试官就会理所当然地认为,这个人连做自我介绍都如此含糊，他的工作能力肯定不强。

你看，缺乏例举力，不仅会让你的说明效果一塌糊涂，还会让听的人产生"这个人有点稀里糊涂的，思考能力比较欠缺"的印象。

在求职时，为了更好地展示自我，应试者通常要分析、归纳自己的诸多特点，并写出一些细节事例作为依据。这时，有一定例举力的求职者就可以凭借这一能力更胜一筹。他们能够吸引面试官的兴趣，也更容易通过面试。在这种场合，例举力就是帮助我们前进的动力，拥有它，就能更容易地得到对方的理解。

简单来说，所谓说明力是由以下三个要素组成：

① 时间感知力

② 概括力

③ 例举力

想要提高自己的说明力，从这三大要素入手就会更有效率。接下来，本书将以此为核心，为大家介绍具体的提高方法。

4

时间感知力：稍加锻炼就能见效

掌握时间感知力就是养成从时间角度管理发言的习惯。大部分人并不清楚自己在一分钟之内能讲多少话，十五秒内又能讲多少话。所以，通过实际体验去理解时间感是十分重要的。

大学课堂上，我会给出一个主题，要求学生们分别以五秒、十五秒、一分钟为限进行说明陈述，每周练习一次。大约五次之后，学生们就能对既定时间内可以讲出多少内容有一个大致感觉了。

想要在既定时间内传达更多的意思，就必定要精简掉一些无意义的词，比如"嗯""那个"等，这

样一来，说话时就会更加干脆利落。只是做到这一点，就已经能给人留下擅长说明的印象了。

日常开会时，大家都遇到过这种情况吧：主持人抛出话头"请最后再简单讲两句"后，总有那种一开口就要说个三五分钟的人。其实，"讲两句"的长度差不多是十五秒，最多也就一分钟左右。但有的人却没完没了，搞得全场都很烦躁。之所以会出现这种情况，也是因为发言者的时间感知力不够。

如果你能把时间感知力锻炼得足够敏锐，就可以主动要求做一分钟的最后陈述，接着在一分钟之内，以一段条理清晰、内容丰富的完美表达收尾，给全场留下良好印象。

要想具备这种能力，必须用秒表看好时间，进行专门训练。受过训练和没受过训练的人之间会存在十分明显的差距。但只要稍加练习，就能够有所进步，见效之快甚至出乎意料。

概括力：像直升机一样直扑目标

一个概括力强的人往往能迅速、准确地把握事物本质。所以，如果需要在短时间内完成说明，他会立即做出反应，用一句话就把事情讲清楚；如果时间比较充足，他也能先点中主要观点，再逐一阐述各个分论点。概括力差的人则会一直拐弯抹角，先绕大圈，再绕小圈，好不容易触及核心内容，却已经花费了太长时间。听的人始终无法掌握事情的全貌，一直搞不清要点。

可见，概括力的强弱直接影响到说明效果。先概括要点，再具体说明，这样就能使听的人对接下来的内容走向有心理准备，从而坦然地放心聆听。

易懂的说明就好似一架直升机，直奔目的地，而后降落。

先直击本质，明确要点，再以干脆利落的语句和简洁的结构，在最短的时间内完成讲述，这就是出色的说明。

我时常受邀开展演讲活动，每天都非常忙碌，想腾出时间来跟合作方开个碰头会是件很难的事。好不容易腾出时间来开会，对方却要从自家公司的简介开始，冗长地讲个没完。这种情况真是令人窒息。这时，我一般会主动抛出问题，请对方回答，以此来修正对方的说明轨道。比如直接问："希望我做哪方面的演讲呢？"这样就能直接从正题开始展开讨论了。

不擅说明的人容易优先挑选自己想说的内容并再三强调，而不是抓取事物的核心内容，或者了解对方真正想知道的内容。

一件事的核心要点在哪里？对方最感兴趣的部分是什么？把握好这两个关键点，才是让说明更易懂的根本所在。

有时，询问对方的需求，也能帮自己发现事情的本质。

最会概括的人能做到"一句话说明"

如果将概括力磨炼到了一定程度,便能做到只用一句话就让对方恍然大悟。所谓终极的说明,就是用一句话概括事物本质,不足一秒就能巧妙地解释给对方。

这里举一个世界著名佛教学家铃木大拙先生的例子。铃木大拙出生于1870年,和哲学家西田几多郎有诸多交流,是一个在全世界范围内大力推广禅文化的人。在他的年代,西方人对禅还十分陌生,于是他用英文写下了很多禅学著作。如今,英语中的"Zen"(禅)这个词已流传于全世界,人们或多或少都知道禅是一种心绪,也是一种精神,这都离不开铃木先生用英文书写文献,细致解释其含义。

铃木大拙曾用一个英语单词便解释清了禅的思想——

"let"。

"let",即"不施加任何外力",英文中有一个短语"let it be",意思是"顺其自然"。铃木大拙解释说,所谓禅,简单讲便是不强调自身所作所为,而是不断削弱自身的存在,最终达到一种"let"的状态。

德国哲学家赫立格尔曾在其著作《弓和禅》中提到了弓道与禅之间的关联。弓道讲究"离",这种"离"指的并不是射箭的人撒开手,而是让箭自己离弦。射箭并非由人射出,而是箭自己射出去的。这是一个无我的过程。

前面说到"顺其自然","其"在英文中就是"it"。电影《冰雪奇缘》中有一首插曲叫 Let It Go(《随它去吧》)非常有名,歌名中的"it",指的是一种郁愤的、令人感到受逼迫的力量。歌词传达出了"就让这种力量释放出来吧,不要压抑它"的情绪,所以歌名才用了"let"这个词。

将关注点放在了表现"不施加任何外力"的"let"上,用它来解释"禅"的含义,在我看来,这可以说是一种极具艺术性的说明力了。铃木大拙仅用大家都懂的一个词语,就清楚地阐明了一个抽象难懂的概念。

想要用一句话、一个词去表达某个本质概念，就必须有高超的说明力。从这一角度看，铃木大拙的例子可以说是极为优秀的说明范本。

不过，虽然锻炼说明力的终极目标是一"句"定音，但不要用"爱""人生"这种有丰富含义的抽象词来说明事物。比如我曾让学生们解释什么是艺术，有人回答"艺术就是爱"。类似的情况我遇到过很多次。这并不是合格的说明，因为"爱"这个词并没有抓住它所形容的事物的本质特征，听的人不会产生恍然大悟的感觉，也不会接受这种解释。

想用一句话或一个词进行说明，就必须对要解释的事物有十分深刻的理解。

根据对方可以记住的程度进行概括

有的人之所以说明力差,是因为无法掌握并概括好要说明的事物的本质特征。

进行概括时的一个诀窍,就是将要点的数量尽量总结得少一些。我们很容易陷入左添一句右添一句,什么都想谈到的困局中,但只有咬牙精练,才能掌握优秀说明的真谛。

中国的儒家经典《论语》是孔子的弟子总结其师——生活在2500年前的圣人孔子——言行的一本集录。虽然只是薄薄一本书,但其中的每一句话都非常精彩,想要总结这本书的内容可以说非常困难。

我读过很多翻译成现代文的《论语》和十多本解读《论语》的著作,可以说对这部经典的内容非常熟悉。也正因如此，倘若有人让我说明一下《论语》是本什么样的书，我一定会花很长时间去做解释。这就是所谓专家容易陷入的一大误区了。对于聆听这番解释的人来说，一口气灌进大量的信息，只会把事情变得更复杂，而且听着听着还会很快把前面讲过的内容忘掉。

所以，如果要对一个完全没读过《论语》，也就是在这方面毫无知识储备的人解释这本书，就必须彻底地总结要点，凝练到能被任何人记下来的程度。

比如，孔子在谈"德行"时提到了"仁、义、礼、智、忠、信、孝、悌"八个要素。想要将这八个字一一解释清楚，必然会使整段说明过于饱和，很难让听的人理解。而且从一般人的角度来看，八个要点也实在太多。

在《论语》中，有"知者不惑，仁者不忧，勇者不惧"这样一句话。智者拥有判断力，所以不会感到困惑和迷茫。仁者尽全力做到诚实，所以不会感到忧虑，也不会对自己的所作所为感到丝毫悔意。勇者，毋庸置疑，就是拥有勇

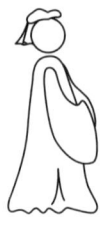

气和行动力的人，所以他们不会感到胆怯。

所以，我会对"仁、义、礼、智、忠、信、孝、悌"八个要素进行这样的要点提炼：孔子主张的是智、仁、勇这三点。"智"指的是智慧、判断力，"仁"指的是赤诚、怜恤，"勇"指的是勇气、行动力。这段说明并不难懂，能让很多人明白孔子所说的"德行"大概指什么。

但是到这个程度为止并不算很优秀的说明，因为听的人可能还有疑惑，认为要做到这三点并非易事。所以我会再简短地加上一句：孔子认为，"智、仁、勇"这三点，需要我们用毕生去追寻。

人类先贤的伟大之处就在于能用简短的话去阐释复杂的思想，甚至将总结好的内容变换为成语或熟语，使之流传后世。从说明力的角度来看，他们都是超级高手。

现代人经常要借助专业人士的解读才能理解这些精妙的内容。可如果长篇大论地解释这些妙语，一定会让听的人一头雾水，不知所云。所以我认为，不如将长篇大论直接总结为几个要点，就像上文说的"智、仁、勇"那样，更方便理解和记忆。

当然，我并不是随意删除了其他内容后总结出这三点的，而是因为"智、仁、勇"中蕴含着"仁、义、礼、智、忠、信、孝、悌"的核心思想。儒家所讲的"三德"就是这三点，西乡隆盛也曾将这三点当作自己人生的信条。

在提炼要点时，千万不要既想谈谈这个，又想说说那个，这会导致整段说明十分混乱，白白浪费大量时间，最终也没能将要点和主旨传达给对方。

请记住，为所要说明的事物总结要点时，应该以听的人能够记住的程度为限。把握好这一关键，你的说明力就能实现超越性的进步。

顺便一提，讲解《论语》时我还另下过一番功夫。

比如讲到孔子主张"智、仁、勇"三种品格时，我会请听众伸出手，用手掌去感受"智、仁、勇"所对应的身体部位：

"智"是智慧，所以手要放在额头处。

"仁"是柔情，手要碰触心所在的位置，也就是胸口。

"勇"是力量，位于丹田处，手要放在肚脐下去感受。

在听众触碰身体部位的过程中我还会补充一句："这些地方就是智、仁、勇所在的位置。"

肢体动作有助于强化心理感受，听众会随之产生很多想法："的确，额头代表智慧，非常重要。""真诚的心确实在我们胸中。""日本古时候的武将们不是也提到过，肚脐以下的丹田位置是勇气存在的地方吗？"并进行更多思考。

这样将孔子儒学教诲中极为抽象的部分和具体的身体感受相结合，就能使说明变得更加生动，也更容易理解。

说明力强的人总能带来不同凡响的恍然大悟感。激发听者自身的经验和知识，或者把说明的内容与听者的身体感受相结合，都可以激发这种感觉。这是一个能为说明锦上添花的窍门，在这里推荐给大家。

例举力：用大致能懂的东西，解释不容易听懂的东西

说明力的第三个要素就是例举力。所谓例举，我将其定义为把一个不容易直接说清楚的东西，解释得让人大致能懂的说明技术。

当你要讲一个对方连听都没听过的东西时，如果从正面解释，无论再怎么条分缕析地去说明，都很难让他听懂。仍以向西方人解释"禅思想"为例。东西方文化背景不同，要让西方人明白"禅"这种冷静、顿悟的状态，难度极高。所以在解释时，可以举一些其他的例子，告诉对方"例如……也是一种禅"，就能简洁快速地令对方大致明白"禅"的意思。

比如，铃木大拙的讲解方式是用日本文化中的茶道、

剑道等内容做例子，与其进行类比。西方人或多或少都知道一些茶道、剑道的例子，这样类比就能帮助他们更好地理解。

再如美国著名篮球运动员迈克尔·乔丹的教练菲尔·杰克也对禅思想有一定了解。乔丹在芝加哥公牛队效力时曾经两次获三连冠，他提到，菲尔常会在休息室讲禅，并说："迈克尔·乔丹就是禅学高手。"

菲尔是以篮球比赛为例来讲解的。两队相差一分，最后五秒钟时乔丹接到传球，倘若投不中，公牛队就会输掉比赛。这种情况下普通人都会慌张起来，而乔丹的内心保持着冷静沉稳，这种素养就是禅的体现，乔丹已经是位禅学高手了。

讲到这个程度，听的人当然还是不懂"禅"的深层含义，却能通过迈克尔·乔丹的例子明白，那种不管时间如何流逝、依旧冷静沉稳的状态就是所谓的"禅"了。进而还会感到,"禅思想"似乎就围绕在每个人身边,是能够被看到的。那么今后的某天看到类似场景时,他就会突然领悟:"啊!那就是禅!"

如果能够在大多数人熟悉的事物中为你要说明的东西找到对应,那就把这件对应的东西作为例子讲出来,这样做能瞬间让对方明白你的意思。

再进一步,如果能用发生在对方身上的事情来举例,效果会更好。比如告诉对方"你现在这个状态,其实就是禅的状态了",那他就会猛地领悟到其中真意。曾有一本记录佛教临济宗的开宗鼻祖临济义玄禅师言行的作品,名叫《临济录》。在那本书中,弟子们会向禅师提出"何为参悟?""佛陀究竟在何处?"等各种疑难问题,禅师则会回答:"既然你们在寻找佛陀,那佛陀就在你们头脑中。"也就是说,正在寻找佛陀的你本身就是佛陀。他这样一说,弟子们也都恍然大悟了。

临济义玄禅师的做法,就是举一个发生在对方身上的简单例子,去解释一件难懂的事情。

9

足够精妙的例子，一个就够了

例举能力优秀的人绝不会让说明太过冗长，而是仅用一个例子就能彻底说清楚一件事。尤其是在说明较为抽象、很难概括的复杂事物时，与其花费大量精力细致入微地解释，不如用同等精力找一个好例子，这样更省时间，也更容易获得对方的理解与认同。

举一个我十分喜爱的歌词作者松本隆先生的例子。他曾为被誉为"永远的偶像"的著名歌手松田圣子创作了很多传唱度极高的歌曲，是一位非常高产的歌词作者。

我曾与松本先生一同录制过电视节目。在录制现场，主持人向他提问道："请问您是如何写出那么多优秀作品的呢？"想讲清楚这个问题很难，因为写歌词这项工作非常需要灵感和才华，而这些都是很难用语言去解释的抽象事物。另外，歌词创作没有标准流程，旋律不同，写法也大相径庭。总之，作词是非常复杂的工作，要把它解释清楚同样十分困难。

当时松本先生的回答非常聪明。他先讲了为人气组合"近畿小子"的出道歌曲《玻璃少年》写歌词的过程。《玻璃少年》的歌词取材自小说家尾崎红叶的作品《金色夜叉》，歌词中出现的"宝石"一词，还有"竟然仅为了一颗宝石就将自己的心出卖"的惋惜感，都很容易让人联想到《金色夜叉》中两位主人公贯一和阿宫之间的纠葛。讲完这个例子后，松本先生说："为这首歌写词时，我就是这样先找到具体意象再进行表达的，写其他歌词也是一样。"

俗话说"隔行如隔山"，倘若松本先生拼命概括作词的方法，听众可能反而很难理解。况且，用这种说明方法也很难讲出有趣的内容。

所以，不如就举出一个大家都能想象到的具体案例，这样就能让听的人马上产生"这首歌我也听过，原来是这么写出来的，完全懂了"的恍然大悟感。

这种举例说明法在画家身上同样通用。例如，要解释

"梵高的作品有多棒"时，应该例举其某一幅作品去认真说明，这样才比较好懂，而不是把梵高的所有作品都说个遍。

有一个电视节目叫作《美丽的伟人们》。节目开始时，主持人会先为观众展示一幅"本日推荐作品"，然后用三十分钟的时间，围绕这幅画作讲解创作者的相关知识点。

这档节目的讲解方式就非常值得借鉴。比如曾有一期节目介绍的是莫奈，主持人不断提示观众"请大家关注一下《喜鹊》这幅画作中的阴影部分""请大家注意《日出·印象》中这轮红色太阳的画法"。因为这些都是很好理解的具体例子，观众自然就能跟上节奏，并且立即理解其中的奥妙。

选择某一幅作品为例，快速讲解一位画家的创作风格，这可以说是一种绝妙的例举法了。

10

展示实物就是最好的例举

举例子时，最能发挥作用的就是实物了。或许有人觉得，在进行说明时展示实物是一种投机取巧的做法，但我认为，实物主义是说明的基本技术之一。

我曾与著名平面设计师佐藤可士和先生有过一次对谈。当时我问他，是什么样的契机使他接到了7-11便利店的设计邀请呢？他告诉我，有一天7-11公司的高层提出"想看一看佐藤先生设计的手机"。看过之后，便当场决定"希望佐藤先生为我们做设计"。

要知道，这份工作涉及店铺标识、员工制服等各方面的设计，是影响整个7-11公司的大事。如此重大的决策，高层们是在看过佐藤先生设计的实物后才瞬间拍板的。

佐藤可士和先生有很多设计作品，要用语言说明他的履历恐怕会花费很长很长时间。但是把他设计的实物直接展示出来，就能瞬间获得理解与认可。所谓"事实胜于雄辩"，这正是展示实物才能起到的强大作用。

再讲一个案例，是一位跟我合作过的编辑的经历。

最近这位编辑换了份新工作。我询问了他跳槽的过程，他回答说，是参加了社会招聘之后被录用的。面试时，他随身带了三本自己做责任编辑，并且卖得不错的好书。当面试官问他"您迄今为止都做过哪些工作"时，他便将这三本书拿了出来。

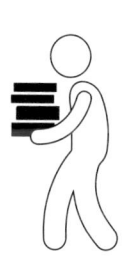

当然，用语言来说明自己的工作经历也未尝不可，但事无巨细的说明往往会模糊要点，如果不配合实物展示的话，对方很难在头脑中清晰勾勒出相关内容。拿出实体书之后，面试官们立刻就明白了："哦，这本书我早就听说过了，原来责任编辑是您啊。您比较擅长这个类型的图书，那在我们公司一定会大展拳脚的。"并当场决定录用他。

当场展示实物，一定能帮助对方进一步理解你的说明内容。如果对方早就知道这件实物，那效果将更加明显。

再举一个我学生的例子。我在大学教书，面对的主要是毕业后想做教师的学生。其中有一位非常喜欢青鳉鱼，对其研究得十分细致。他对我说，想在课堂上做一次关于青鳉鱼的科普讲座。我看他非常认真投入，便同意了这一请求。

开讲那天，这个学生从他远在茨城县的老家出发，带着一个成年人双手环抱才能抱住的超大水箱，里面装着青鳉鱼，一路乘坐电车到了位于东京御茶水站的明治大学。

我和其他学生都被震撼到，问他："你真是抱着这么大的水箱乘电车来的？"他点头说："因为真的非常想把实物展示给大家看。"

那天，他的讲座十分生动有趣。他一边用手指着在大家眼前游来游去的青鳉鱼，提示大家"请看这里"，一边进行讲解。我们这些听众非常清楚地理解了他的意思，也因为亲眼看到了青鳉鱼本尊而热情高涨起来。

实物就是这样为语言锦上添花，为说明更添一分力量。

实物的威力，就在于能够刺激人的感受。仅是摆在眼前，就能让对方瞬间理解。可以说，从"秒懂"这一角度来看，展示实物称得上是终极的说明技术了。

11

糟糕的说明是什么样的？

这个问题很容易回答。因为相比优秀的说明，人们在糟糕的说明上吃到苦头，印象可能更深，也很容易回忆起这种说明是什么样的。

能对糟糕的说明有所了解，也就能对优秀的说明心中有数了。

糟糕说明的代表，就是超厚的商品说明书。

说明书一般都激不起用户的阅读兴趣，估计也不会有人一字不落地从头读到尾吧。原因就在于它太厚了，非当下必要信息和当下必要信息混在一起，导致信息量严重超载，让人很难快速检索到自己眼下就想了解的东西。这根本就没有起到"说明"的作用。

信息量巨大，却让人搞不清楚关键点在哪儿，也就怪不得用户想把说明书扔到一边了。估计有些人会选择直接给客服中心打电话，询问"我遇到这样一个困难，该怎么办"，这么做反倒更高效些。

其实，说明书根本不需要厚厚一本。只要在用户想知道眼下的状况该如何处理时，能够指引他去解决问题，那就是完美的说明。

人们遇到的具体问题不同，想要获取的信息也各不相同。最近我发现，很多商品说明书上都增加了"常见问题与解决方法""问题分类索引"等内容，这样一来，用户就能根据自己的情况，简单地查询到想知道的信息了。比如，手机死机时请先重启，如果无法重启，请按如下方法操作……如果仍无法使用，请再按以下方法操作……写清解决办法，用箭头标清操作顺序，这样的说明书才称得上优秀。

糟糕的说明往往信息量过大且毫无章法，想要做到优秀的说明，首先应该学会提炼信息。将说明要点总结在三条之内，再排列好先后顺序，其他的部分就可以去掉了。

提炼信息时要以能够直击对方想要了解的"要害"为目标，这一点非常重要。有一个成语叫作"隔靴搔痒"，如果一段说明好似隔着靴子去抓痒，那它必然非常糟糕，最终只能搞得人十分不耐烦。

第二章

学习"把话说清楚"的基本套路

1

一段优秀说明的基本结构

在前一章中,我介绍了优秀的说明是什么样的,以及想拥有优秀的说明力,必须在哪几个方面具体下功夫。其实,把一件事情说清楚是有标准操作流程的。本章中,我就会从实践角度讲解一些提升说明效果的套路。

我在大学里辅导过参加教育实习的学生,向他们说明实习前必须做好的心理准备和实习过程中的注意事项等。

每次讲解,我都先阐明参加教育实习的本质是什么,再按照由主要到次要的顺序,告诉学生们应该做哪三项准备。如果还有时间,就讲一些在以往实习过程中发生的有趣案例。最后,作为总结,告诉学生们应该以怎样的状态迎接即将参加的教育实习。这就是我的整个说明过程。

曾经有一名听过我讲解的学生，在毕业时专门来对我说："老师当时的说明简直太准确了，听您讲解的时候我就在想，世界上竟然有如此擅长说明的人啊！"

因为每次讲解的内容都一样，所以我并没觉得自己的说明有什么特殊之处。但是对于那位学生来说，我的说明却给他留下了十分深刻的印象。

想要提高说明力，必须贯彻"形式主义"。一段优秀的说明是有其基本结构的，只要有意识地按照这种结构组织内容，就能水到渠成地产生良好效果。经过足够的刻意练习之后，我们对结构的掌握会越来越熟练。最后甚至无须刻意，就能自然而然养成按照一定模式去进行说明的习惯。

下面推荐一种说明时常用的基本结构，大家可以用这个框架，构建自己的内容。

"关于……这件事，用一句话来概括就是……"

（用一句话概括事物本质，形式类似宣传语。）

↓

"具体来说……"

（详细列出要点，最多三条。注意按照重要程度或听的人的关注度来安排顺序。）

↓

"比如……"

（举例，用案例或个人经验进行补充说明。）

↓

"总之……"

（用尽量简短的句子，对以上所有内容进行总结。）

最开始使用这个框架做说明练习时，一定要对说明的长度心中有数。要习惯使用秒表，时常检查自己的一段说明究竟花费了多少时间。我建议先将时间控制在一分钟之内，因为这是最为简练、最能让听的人觉得"总结得真到位"的说明长度。超过一分钟，就开始显得有些冗长了。

当然，没有人可以用一分钟时间把任何问题都说清楚。但从一分钟做起，可以帮助我们练好基本功，抓住要领，总结得简洁精练，说明得干脆利落。

掌握了这个基本框架后，你再向别人说明事情时就会下意识地以"用一句话概括这件事，就是……"来开场。只要一听到这第一句话，对方就能立即明白"这是个说明力很强的人"。

2

选出关键词，并用概括法串联起来

如果想要快速、准确地进行概括，一个十分高效的方法就是使用三色记号笔，把书本或资料中需要概括的部分标记出来。比如：很重要的部分用红色，比较重要的部分用蓝色，并不重要但特别有趣的内容用绿色。如果遇到比较纠结的内容，无法确定应该使用哪种颜色，那就随意选一种也没有关系，因为"做标记"这个行为本身才是最重要的。

标记重点时，除了注意重要段落和语句之外，还要注意数字。数字可以说是说明的好帮手。在进行概括时加入一些具体数字，如下降了百分之几、增长了几倍等，能让说明显得更具真实性，增强说服力。这也是日本前首相田中角荣十分引以为傲的演讲小技巧，他经常特意记住一些重要数据，在演讲的时候将其插入各个关键位置。

这里再推荐一种练习概括力的方法：找一则报纸上的新闻报道，按照本节开头说的方式用圆珠笔做标记，再从标记好的内容中选出若干个关键词，最后串联起来做一个一分钟的说明练习。注意，选择关键词时一定要选固有名词、术语或数字。如果一口气选七八个词的话，一分钟陈述时间是完全不够用的，所以筛选三到五个比较合适。进行串联时不用考虑得过于复杂，即使是机械化地连缀起来也可以。概括完成后，最好找个对这些内容完全不熟悉的人，对着他陈述一遍，这样更能帮助我们去记忆一些重要的语句和数字。

熟练掌握这个方法后，不仅可以在短时间内组织好一段内容概括，还可以确保不漏掉重要信息，让概括的内容非常有分量。

我在小学和大学里都试验过这种练习方法。结果发现，就算小学生也能从文本中找出三五个有效关键词，随后的陈述也变得比平时更加严密稳妥。在大学课堂上的练习，我称之为"快速发表"。我会收集一些剪报给学生们作为练习素材，通过不断重复，学生们的概括速度和质量都有明显提高。

三色圆珠笔是阅读的好帮手。比如要写读后感，就可以在阅读的同时用圆珠笔做标记。否则读过的页面一片空白，等到提笔时还得从头再翻一遍，浪费了第一次阅读的宝贵时间。

总之，先确定好关键词，然后站在如何串联这些关键词的角度去组织语言，就能在短时间内做出简洁、优秀、内容足够有分量的概括。

3

从对方的情绪出发，思考如何开场

前面说到，优秀的说明是有基本结构的，可以从一句能够直击本质、类似宣传语的话开始，逐渐转换到对具体内容的说明上去。说明具体内容时，建议将要点概括为三条。锻炼概括能力，可以先甄选出将要在说明中使用的关键词，再把这些词串联起来。

写开头部分这句宣传语时的思路，跟做内容概括是有些不同的。如果满脑子只想着要把全部内容囊括为一句话并表达出来，那就根本无法得到一句精彩有力的宣传语。

宣传语的作用就是瞬间将人的兴趣吸引过来。如果是一个概括性的句子，就很难有吸引力，听的人也并不会产生多少兴趣。

不同人会有不同的关注点和兴趣点。所以，只有不断琢磨如何打动对方情绪，才能得到那句优秀的宣传语。

我曾写过一本书，名叫《情绪不佳就是罪》。刚开始写这本书的时候我曾考虑过，在书名中用"罪"这个字是不是有点太夸张了。可是，为了让读者意识到情绪不佳是一种非常有害的状态，或许就应该选择"罪"这个强烈的字眼去表达。所以我有意将其用在了书名之中。从结果来看，这个字用得很有效果，这本书也卖得相当不错。

再举个例子，有一本畅销书叫《被讨厌的勇气》，内容是关于阿德勒心理学的。但是如果这本书起了个《阿德勒心理学概述》一类的名字，可能就难登畅销书榜单了吧。

所以说，我们应该站在和单纯传达内容所不同的角度去思考问题，用鲜明强烈的表现来创造意外感，以此引发人们的兴趣。不能只把关注点聚焦于对内容的概括，而应该更加重视对方的情绪，这样才能想出让人心动的宣传语。

为语言增添一些能够颠覆定论和成见的冲击性、仿写惯用语、制造紧张感、刺激人们不愿吃亏的心理……日常生活中充满各种风格的宣传语。我们周围的电视广告和各色招牌，都是用什么样的手法去抓住人心的

呢？多多关注这些，你定能收获颇丰。

  优秀的概括力需要一定的理论能力作为基础，但构思宣传语则不同，它需要的是灵感。合理运用理论能力和灵感，就能拥有更强的说明力。

4

总结要点时只说三条

要想精练地总结要点,就需要找出一些不需要做说明的部分并果断舍弃,这是需要一定决心的。我们往往会在心里迟疑"这部分内容是不是也应该讲出来呀",这是一种常态。

针对这一点,我向大家推荐一个办法:在概括内容时,将要点总结为三条。通常情况下,如果要点多于三条,就很难说清楚,也超出了一般人容易记住的限度,很难做出让人恍然大悟"我懂了!"的优秀说明。三脚架是靠三个支点来维持稳定的,一段优秀的说明也是如此。

总结要点是一项拆卸工程。最开始一定会面对很多内容,我们要弄清楚其中哪些更加重要,把可有可无、意思重复的部分删掉，如此反复多次，最终仅保留彼此意思不同，但又不可或缺的三个要点。

举一个我自己的例子。我曾跟一位律师合著过一本主题为"哈佛大学谈判术"的书。这套谈判术原本有七大要点。或许因为律师早已习惯了多要点记忆，所以并不觉得多。但普通人其实是不容易全部记住的。如果把这些内容统统解说一遍，读者们将难以学习并运用在生活中。于是，我从七大要点中挑选出了最重要、最便于使用的三条，跟合著人商量之后，决定在书中仅对这三条进行解说。

最后出版时，"哈佛大学谈判术"被总结为三大要点：利益、选择、最佳替代方案。

"利益"，即在谈判过程中，努力发掘能令双方利益达到最大化的方法，并重视彼此的磨合磋商。例如："或许这个方案也是可行的""这样做，或许能从次要方面带来收益""我方能够提供的利益有如下这些"等。

"选择"，指的是谈判前不只准备一种方案，而是有多个备选，再通过对这些方案的灵活组合，摸索出能让双方达成一致的办法。

"最佳替代方案"，指的是务必要有另一个保底的谈判对象，以应对当前谈判完全无法推进，甚至彻底崩盘的情况。也就是说，眼前谈崩了，还有下一手，带着这样的准备进行谈判，压力会小很多，也可不必勉强自己被迫接受一些不合理的要求。

我提炼出了以上这三点，并给它们命名为"简单谈判术"，在书中做了详细说明。

此外我还解释道，这三点在排列的先后顺序上也有讲究，并理清了它们之间的关联性和优先度，更方便读者理解。

再举一个例子。日本人讲到运动和武道时经常提及"心技体"这个概念，意思是保持精神、技巧和体格的平衡，就能够最大限度地发挥自身能力，这个总结就是很好的典范。三大要点各有所指，缺一不可，除此之外再加其他要点，也会显得画蛇添足。

在选择要点的时候一定要思路清晰。比如倘若没有用"心技体"这个概念，而是用精神力、韧性、力气这三个意思有些重合的要点去总结，就会导致三只脚互相接近，容易站立不住。

这种选择要点的能力可以通过日常的锻炼来增强，不论何种题材、何种内容，都能拿来用作总结三大要点的练习素材。读书时可以默想"作者想要通过这本书表达以下三点……"，工作时可以考虑"产生这一问题的原因有以下三点……",甚至阅读广告的时候也可以试着总结"这一商品的优势有以下三点……"。总之,要时常锻炼自己,看到一段内容就要主动去总结要点,这样就能帮助我们养成总结三条要点的习惯了。

前段时间,我受邀到一家公司为新入职的员工做演讲。日本职场中提倡员工遇到问题时要及时向上司报告、与相关同事联络、找有经验的前辈商量,这就是"菠菜法则"——报告、联络、商量(因日文中这三个词的第一个发音连起来与"菠菜"发音相同而得名)。但我考虑到演讲的听众都是职场新人,所以提出了"天守阁法则"——情绪、修正、确认(其第一个发音连起来与"天守阁"发音相同)。我对他们说,一个新人,首先应该让情绪高昂起来,当工作被指出问题时,应该立即去修正问题,待获得了彻底确认后方可采取行动。这样就很难出现失误了。

你看,只要总结出恰当的三大要点,就能让内容变得条理分明、触动人心。

熟练掌握总结三条要点的技巧后，甚至可以根据现场情况随机应变。比如开会时，可以把"我想谈谈以下三方面"这句话放在前面，然后再一边思考一边总结发言。

另外，一个劲儿地讲要点，很可能会让说明变得有些无趣，所以在第三点上准备些逗人发笑的有趣巧思，这也是个不错的方法。例如，在开始说明时先宣布"这一商品的优势有如下三点"，继而展开说明，首先"方便"，其次"廉价"，最后在第三点上抖个包袱——"如果不喜欢了，随便丢掉就可以"。这种做法能够让三大要点显得更加张弛有度，为说明添彩。

5

找出一段内容中最应该说清楚的那部分

在进行说明时，比起将各项内容一一罗列出来，更为有效的办法是突出内容之间的关联性，这样才更容易被理解。

也就是说，在做说明之前心里先有一个整体结构。进行说明时，让听的人明白目前的讲解内容处于整体之中的哪个位置。这才算是易懂的说明。

比如，这本《如何把话说清楚》是在位于东京都涩谷区笹塚的一家出版社出版的。如果要告诉别人这家出版社所在的位置，那么一上来就展开介绍东京如何如何、涩谷区如何如何、笹塚如何如何，对于并不了解日本地理的人来说就太难懂了。如果这样说：首都东京有一个区叫涩谷区，这个区里有一条街叫笹塚……以这样的顺序去一一明确这几个名词所处的位置，就能让听的人明白这家出版社究竟在哪里了。

很多电影在开场时，常有一个俯瞰整座城市的镜头。正当观众沉浸其中时，镜头突然对准了这座城市之中的某户人家，接着又继续拉近，给家里某个人的面部来了个大特写。

这其实也属于一种说明，先从远景开始，不断拉近、再拉近，简洁地解释了故事中的人物生活在什么样的城市、什么样的家庭之中。

与这种特写相反的是不断扩大视野的说明法。比如评价某个历史事件的意义时，可以说"从整个日本历史的角度来看是如此，进一步讲，从人类史这一层面来讲也是如此……"这样能逐步拓宽视野，让人产生"原来从宏观的角度来看，这件事是处在这样一个历史位置啊"的恍然大悟感。

要做到能够时刻提醒对方当下正在说明的内容处于哪一位置，就必须先从整体角度掌控要说明的内容，然后排好顺序，先做大项上的说明，再讲大项之中包含的中等项、中等项中包含的小项……总之，就是将每一点都落到具体位置上，协助听的人去理解所说明的内容。

一个说明力较差的人，往往自己都无法对要讲的内容有一个整体把握，听的人就更不知道将被导向哪里，自然会感到不安了。

　　此刻正在讲述的内容处在整体之中的哪个位置？这个整体的构造又是怎样的？只有让听的人掌握到这两点，才算得上优秀的说明。

6

用目录思维提炼要点

接下来,我就为大家介绍一种快速把握内容整体构造的方法:如果你准备讲解的一本书或一份资料是附有目录的,那么一定要利用好这份目录。

一本真正的好书,就应该做到让人不必读完全文,仅通过目录就可以掌握内容。比如马基雅维利所著的《君主论》,其目录就非常出色,不仅能帮助阅读,还让读者感到这本书非常有趣,化解了理论性内容的枯燥感。

我读大学时,有位朋友告诉我一种叫作"目录学习法"的方法。

当时,我在东京大学攻读法学,读到三年级时决定将来要离开法律领域,投身教育行业。但是我很难从法律学习之中抽出时间接触别的知识，所以一直在苦恼如何能事半功倍地学习。

正在那时，一位朋友对我说："其实有一个能在非常短的时间内汲取知识的好办法哟。"他是全年级的优秀生，因为很聪明，所以在学校里知名度很高。他对我说，法律这门学科是以体系为前提来建立的，在解答考试题时，倘若对某个问题属于哪一体系中的哪一部分出现了判断性失误，那么就算写再多也拿不到分数。

也就是说，如果想要简单快速地拿分，就应该先理解法律这门学科的整体构造，梳理体系，这样才更高效。

他还告诉了我具体的操作方法。首先，将教科书的目录复印下来。要找一张大纸，复印时空出足够多的余白。然后，在空白部分简单写下目录中小标题里所涉及的事例、判例，逐渐添砖加瓦。最后，将添加了细节的这份目录全部背诵下来。

可以说，目录是宏观的骨骼，是基本的框架结构，所以要在目录页上将各部分的构成要素写下来。做这些能够帮助我整理思路，并进一步明确一本书的整体构造和各个部分之间的关联。

我按照他推荐的这种方法尝试了一下，结果用极短的学习时间，就把所有教科书的内容都攻克了下来。后来我又把这种方法用在学习教育学知识上，其效果彻底震撼了我。

其实，就算在学习时很认真地阅读一本书，倘若读的仅是其中孤立的一部分，那不管再怎么努力、一行一行地读下去，也会因为见树不见林而失去了宏观概念。还有，倘若读到前一百页就耗尽了精力，那就只能在一本三百页的教材还剩两百页完全没印象的情况下上考场了。

这时候，目录学习法就可以发挥大作用了。这种做法就像在一张已经画得很详细的地图上，再去添加一些"某地有些什么"的笔记。如果是在完全空白的笔记本上写，会不知从何下笔，但已经有了一张基础地图来打底时就很容易展开了。

请记住，一定要亲笔写下这些要点，这非常重要。只有亲笔写，才能把印刷在纸面上、属于作者的目录，转化成刻印在脑海中、属于我们自己的知识。一笔一画写下来的要点，到了考场上，即使再紧张也能回忆起来。

这种目录学习法就可以被用于进行说明前的准备工作。当需要从整体上把握所需说明的内容时，就可以按我在上文中介绍的方式去使用目录了。

如此一来，我们在说明时就可以按照从整体角度说明、从大的骨骼框架说明、从中项说明、（如果有必要的话）从小项说明这样的顺序来推进了。例如：这一案例的审判情况从宏观角度来讲属于某一领域，再缩小些范围的话属于某一领域，倘若再细分的话，应该可以算在某一分类之中。

如上所述，如果按照自己制作的目录去进行说明，那么我们每个人一定都能表现得利落而出色。

7

说清楚是快速表达与慢速表达的相乘效果

好的说明不仅能让听的人恍然大悟、充分理解，某些情况下还可以打动对方的心灵，在商业谈判领域尤为如此。如果你讲得足够好，就能让对方心动并发生购买行为，或者愿意与你展开商务合作。

那么，究竟什么样的说明才能打动人心呢？

行为经济学学者丹尼尔·卡尼曼曾有一本著作，名为《思考：快与慢》。书中有一张正在发怒的人的照片，卡尼曼解释说，比起用语言文字来传达怒意，用表情来传达显然要快得多，人们看一眼就知道画中人在发火。

情感表达是最快速的信息传递手段，

它和语言这种慢速的信息传递手段相结合，就能对受众产生影响。有些事需要娓娓道来才能让人理解，有些事则是通过情感表达让人瞬间理解的。这两者相辅相成，产生的相乘效果能够帮助我们完成一次优秀的说明。

示意图是一种瞬时性的信息传递方式，可以快速展现事物的整体概况。但如果在图画旁附上文字，进行仔细说明，就又变成一种慢速的方式了。所以很多书会在页面左侧安排图片，右侧安排文字。这就是将快速信息传递和慢速信息传递结合起来，方便读者理解。

影像也是一种快速的信息传递方式，能在短时间内吸引受众的注意。很多老师讲课时都会先用一段视频直观地展示亮点内容，吸引学生注意，再用文字讲解更细致的内容。这也是快慢相乘的方法，快的方式用以打动对方，慢的方式用以加深对方的理解。

这种快慢相乘的表达方式，在商业领域有很多应用，其中地产行业最为典型。

商家给楼盘做广告时经常使用一种诗歌化的宣传语，比如"享受一呼一吸间的静谧""豪览奢华商业街""放宽眼界，成就别墅思维"等。我认识一位专为地产公司做市场推广的营销专家，他告诉我，在楼盘的广告中是不可以使用"家"这个词的，应该用"宅邸""公馆"等词代替，而关于楼房本体的信息则基本不会在广告中出现。

"公馆""宅邸"这种词可以让受众产生在此居住的荣耀感，是一种能够直接打动消费者情感的快速信息传达手段。被这种手段吸引、产生了兴趣的人们，就会想做进一步的详细了解，这时候才要用较小的文字补充相关信息，比如首付需要多少、分期付款的具体规则……行为经济学认为，像这样让快速和慢速两种信息传递方式同时产生作用，能极大地影响人们的想法和决定。

所谓说明，大多数时候就是既要传达内容给对方，又要让对方心动。在说明中同时运用快速和慢速两种信息传递方式，就能够更有效地打动对方。

8

善用比较法，瞬间就能把事说清楚

使用比较的方式进行说明，是一种十分方便人理解的说明技术。

我在大学教书时，很多课程都是通过 A 和 B 的比较进行下去的。比如我会说"一般作家会这样写，但是芥川龙之介的写法是……""《今昔物语》的原文是……但经芥川龙之介之手后变成了这样……"经过这样一番讲解，学生就会恍然大悟："原来如此，的确大不相同。"

再比如说欣赏美术作品，单看一张画或许看不出什么名堂，但搬出其他画家创作的同一主题画作进行对比，就能立即看出区别，也能马上掌握不同画作的特征。

曾有一本畅销书，主题是不同作家文风的对比。作者没有拿出每位作家的作品来一一介绍，而是提出问题："如果让作家们去描写泡面的做法会怎样？"而后模仿不同作家的文笔，分别描述泡面的做法。因为不同作家的风格不同，所以写出来的文章各具特色，非常有趣。我想这就是那本书畅销的原因之一吧。

选定一个主题，对两件事物进行比较说明，能够使人非常直观地记住二者的异同。想去介绍A，其实不必深入挖掘A的特点，只要搬来B做对比即可。这种对比产生的区别能更快地被理解。

这种方法并不是只能用来比较完全不同的人和物，还可以比较同一事物在不同时间段上的状态。比如："十年前是……五年前是……如今则是……"

使用比较法进行说明时，有两种模式非常有效。

第一种模式是：乍看相似，其实并不相同。第二种模式是：乍看完全不同，其实非常相似。两种模式相结合，你几乎能把任何事情都介绍清楚。

例如，想要介绍紫式部和清少纳言这两位作家，可以把两人做个比较。她们的共同之处是，同为女性作家，生于同一时代，并且于宫廷之中供职。然而她们之间的不同之处也不少。比如二人的情感表达方式完全不同，作品形式亦不相同。紫式部的代表作《源氏物语》是小说，清少纳言的《枕草子》是随笔……按照以上方式去讲解，能够让听的人一次性对这两位作家有所认识。

找好适宜做比较的对象，是一段成功说明的开始。接下来的工作就是将几个相比较对象的共同点、差异点很好地组合起来，去构筑说明内容了。

所谓"理解"，就是明白语句中的意义，而正如瑞士语言学家弗迪南·德·索绪尔所说：意义源自差异。人类的语言是多种多样的，语言之中的差异非常重要，这种差异聚集起来，就形成了语言体系。

比如"固体"这个词，它本身并没有什么意义，其意义来自和"液体""气体"这两个词之间的差异。也就是说，只有把固体、气体、液体放在一起解释，才能把三者都说清楚。从这一点来看，我们在说明中也应该尽量去明确这种差异性。突出差异，才能让说明更加好懂。

如果想学会用比较的方式进行说明，可以按照下面的方法进行练习。这不仅有利于提高说明力，还能在日常生活中养成比较思维，帮助我们去理解事物。

选择 A 和 B 两个说明对象，在一张 A4 纸的左半边写 A，右半边写 B，然后总结这样三方面内容：二者的共同点有哪些？不同点有哪些？区别二者的关键点在哪儿？当然，也可以是 A、B、C 三者并列的形式。按照这个办法多加练习，你就会逐渐具备对事物之间的共同点和差异点胸有成竹的能力。

有一本叫《信息的历史》的书，它是一份年表，用同一时间轴把日本史和世界史串联起来，把相同时间点上日本和其他国家发生的事件并列排在一起，这就是一种练习比较说明法的好思路。

需要注意的是，用做比较的方式进行说明，理想时长应该在十五秒之内。所以练习时就应该养成干脆利落的习惯。

为想要说明的主题寻找合适的比较对象，是有一定窍门的，可以从"看似相像，其实各有不同"和"看似完全不同，其实有相近之处"这两个角度去寻找。如果能选到非常合适的比较对象，那双方的共同点和差异点可以一看即知。

比如，我经常给学生举例，把宫本武藏和笛卡尔放在一起比较。乍看这两个人似乎八竿子打不着，但其实有很多相近之处。第一，他们几乎生活在同一时代：宫本武藏生于 1584 年、死于 1645 年，笛卡尔生于 1596 年、死于 1650 年，所以两人在时空上就有种特殊的亲近感，第二，他们二人都具备瞬间抓住事物本质、在短时间内将其看透的能力，只不过宫本武藏表现在剑道上，笛卡尔表现在对哲学问题的思考上。

一位是剑豪，另一位是思想上的剑豪，两人生活的时代又非常接近。从这一角度去进行比较，就能加深我们的理解了。

比较训练不单能锻炼说明力，同时还是一种很有效的学习法。在理解一个知识点时，可以与另一个知识点进行适当比较，这样要比孤立地一个一个死记硬背更容易记忆，能帮助我们一箭双雕，提高学习效率。

9

如何挑选适当的例子？

在进行说明时加入一些例子，比如我们自身的实际经验，能让整个说明更加具体，更容易被理解。不过举例时，还是要注意结合听众的实际情况。我经常受邀做沟通力方面的主题演讲。但在面对中学生、商务人士、高龄人群等不同听众时，主题虽然是同一个，我却会挑选不同的例子。

面向中学生时，如果讲怎样应对冒充子女的电话诈骗犯，那他们一定没什么同感。同理，面对高龄人群，讲如何跟爱絮叨的父母聊天，同样也没什么意义。

举例，需要举一些容易让对方产生代入感的例子。方法之一是配合听众的喜好去挑选，比如在对爱踢足球的少年进行演讲时，可以讲讲足球比赛中的眼神接触。在对视的瞬间，眼神能够做出暗示，互相交换大量信息。爱踢足球的人听了这个例子，自然会意识到自己以前踢球时也做过很多眼神交流，从而更深刻地理解演讲的内容。

在说明时，我们往往会遇到这样的情况：说明的内容很抽象，对方或多或少有点明白，却很难彻底理解。这时就应该在说明中加入一些方便对方理解的例子，帮助他们接受。对方是玩足球的孩子，那就举足球的例子；是玩棒球的少年，就举棒球的例子；是学音乐的学生，那就举音乐的例子。

在解释什么叫默契配合时，可以说，比如在音乐领域，指挥者和演奏者之间、演奏者互相之间就常常配合默契。没有交流的乐团是不可能完成合奏的，单凭一个人的出色发挥也无法令合奏成功。如果其他人全慢半拍，只有一个人发现大家都错了，并坚持按正确的节拍弹奏，那反而变成只有他一个人不合拍了。当周围人的拍子都慢了时，就应该配合大家，这也是一种交流。

想要让说明好懂，就应该有随机应变的能力，配合听众的具体情况去举例，这一点非常重要。

10

用疑问句辅助说明

善用疑问是一种提高说明质量的好方法。

马基雅维利的名著《君主论》就是如此。《君主论》的目录中大多采用了疑问句，阅读之后，想要知道问题答案的求知欲，必然会带领读者翻开书本。

在进行说明时，提一个好问题能瞬间激发兴趣，将对方顺利地带入我们自己的讲解之中。

但要注意，不能过分去吊对方的胃口。抛出问题后，应该干脆利落地回答这个问题，并快速进入说明的正轨。胃口吊得太久，听的人会逐渐丧失兴趣，并开始厌恶这种故意出题难为人的做法。

在日常对话中，有的人总是主动提出问题，但又故意不回答，这样的确令人感到焦躁。所以自问自答时，回答的速度一定要快。将一问一答的节奏良好地穿插在说明过程中，才能一步又一步地将听的人引入我们创造的氛围中。

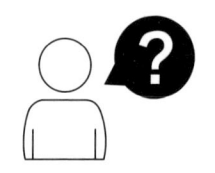

提问的作用是辅助说明，促使听的人思考："对啊，为什么会这样呢？我之前从没想过这个问题。"所以紧接着就要报出答案，让听的人产生恍然大悟的感觉："啊！原来如此。"不要为了提问而提问，而要塑造一个用"？"和"！"不断为说明添加动力的可持续系统。

此外，在自问自答时，如果能给出一个比较出人意料的答案，那么这段说明必定会令人印象深刻。

希望大家能将自问自答的形式，合理穿插在自己的说明之中。一段有良好节奏的"自问自答"能够令你的说明快速、高效地运转起来。

11

把难懂的内容放在后面

大多数情况下,我们很难按计划完成整个说明过程。有时候说到一半,对方就开始插嘴。有时候汇报到一半,上司就突然开始发言。最可怕的是,话还没说完时间就到了。

有的人会说,我有十分钟的时间,足够把事情说清楚了。但是一定要考虑到,你可能会在最开始的一分钟就被打断,再也没有机会继续说下去。

为了尽量避免这些情况造成的损失,应该把最想让对方知道的部分放在最开始说,把比较难懂的内容放在后面。不要按照步骤循序渐进地接近正题,要找准亮点,像直升机那样直奔目的地降落。

让听的人理解并接受你的说明是唯一目标。如果拼命花时间去解释一个很难理解的问题，得到的反馈顶多是"我大概明白了"。那还不如先解释好懂的部分，给听的人一种"我听懂了，原来如此"的成就感，再按节奏去逐渐展开内容，这样做效率才会更高。

在教育领域，有一个叫"最近发展区"的概念，意思是让一个人去学习比他能达到的水平稍难一点的内容，以此提高能力。比如，如果一个人能拿起九十千克的重物，那就让他去挑战九十一千克，但不可以直接就去挑战九十五千克。也就是说，选择一个在自己力所能及的范围边缘的目标，重复那种成就感，一小步一小步地向前进，这才比较合理。

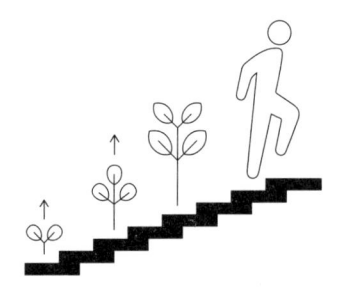

向别人做说明时也是一样，不要想着一口吃个胖子，因为听的人也更愿意反复沉浸在"我懂了！""我理解了！"的成就感中。

经常在各类电视节目中亮相的著名媒体人池上彰先生，

也是循序渐进进行说明的高手。他能让观众由浅入深地逐一学习知识点，体会到成就感，因而获得了极高的人气。

有些人喜欢先啃硬骨头，总是费尽心思地想先把难点内容解释清楚，这是不可取的。难懂的内容就应该放在后面，从易到难地进行讲解才是说明的诀窍。

12

开口前先弄清对方的需求

专业人士在向普通人讲解问题时，往往从头到尾都讲得乱七八糟。这是因为他太熟悉这一领域了，所以不清楚在一般人眼中究竟哪部分更难懂。

比如有些专家学者写的科普书就很难读，最坏的情况，整本书读完可能都搞不清楚他究竟在讲些什么。

我想不少人都经历过这种情况吧：电脑出了问题后致电客服中心，可是客服人员满口专有名词，给出的指示实在很难听懂。

之所以会有这种情况，往往是由于做讲解的一方太过想当然，无意识地省略了一些解释，跳过了需要讲解的内容。或许在他们看来，那些专业术语都是众所周知的，不需要解释。但听的人可能是个门外汉，连这一领域的基础知识都不懂，更不用说专业术语了。所以根本搞不懂对方在说些什么。

所以做说明之前，需要试探对方真正想知道的是什么，以及对方对整件事的理解程度有多高，这样才能做好说明。

要以察觉的心与对方交流，看他现在处于什么样的情况里，需要知道些什么信息，这种能力对做好说明来说是至关重要的。

不明白对方的需求，不仅会解释得拖拖拉拉，还会沉浸在我已经解释过了的自我满足感里，做了无用功却不自知。

为了避免这种情况出现，我建议在每完成一段说明后都停下来，确认对方的理解程度。"到这里为止的内容，我都说清楚了吗？""刚才讲的这一部分，还有什么疑问吗？"

有时候，听的人甚至可能都不知道自己究竟有哪些地方不懂。这就需要我们通过自己以往的经验和知识，先预测对方可能不理解的点，并进行确认。

为了配合对方的理解程度，还可以分阶段进行讲解，在每一段讲解前告诉对方"关于下面的内容，只做到……就可以了"。这样也能更好地帮助对方解决问题。

第三章

进行"把话说清楚"的日常训练

训练1

通过日常聊天
锻炼"说清楚"所需的瞬间爆发力

在前面的章节中,我阐释了什么叫优秀的说明,以及提高说明力所必需的基础能力。其实,提高说明力的方法就在我们日常生活的方方面面中。本章,我们就来了解一下在日常生活中提升说明力的各种方法吧。

想要练就优秀的说明力,就得在随机应变上下功夫,能够应付对方的各种提问。这就需要我们快速总结要点并进行简要传达。这种"瞬间爆发力"能让说明内容短小精悍,也是一种我们在日常生活中就可以锻炼的能力。

请问大家,当有人问你"最近怎么样"时,你会如何回答?

前几天,我和一位老师见面。他曾是我的学生,我们已经一年多没见了。如果我当时问他:"这一年怎么样呀?"那他也许只能含含混混地说:"这一年吗?嗯……发生了很多事。"因为我的提问没有明确指向性,让人很难回答。

所以我是这样问他的:"这一年,有没有发生什么令你印象深刻的事啊?"这样提出具体问题,对方就能有针对性地回忆过去,回答起来也更加轻松。

当时他给我讲了一件工作中的小事。他在中学教书,某天去学校巡视教室时,发现一个学生正在教室里洒水。

他当时很惊讶,先是和学生打了声招呼,然后问道:"你在干什么呀?"学生回答:"因为刚刚学到如何种植蘑菇,所以我想在教室里种一些。"

于是他便教育学生说:"但是呢,不是所有同学都喜欢蘑菇,而且蘑菇应该栽在山里,咱们找个时间去山里种蘑菇吧。现在,在大家来上课前,咱们先一起把这间教室收拾干净吧。"随即,他和这个学生一起打扫了教室。

因为他们赶在上课前将教室收拾得干干净净,来上课的同学们都感到吃惊。这时,他又点名表扬了那个想在教室种蘑菇的同学:"其实,是××把教室收拾干净的哟。"

讲这段小故事大概只需一分钟的时间,但传达信息的效率很高,我听完后立刻就知道了他这一年的状况——包括他在什么样的学校教书,通过什么样的办法让学生喜欢自己，等等。同时我也在心里暗想：这位学生发展得不错，现在已经是非常成熟的老师了。

这就是瞬间爆发力——很快抓出一个好故事、好案例并讲出来。这样对方不仅能加深对你的理解，还会对你产生好感，觉得你是一个很会讲话、很有趣的人。而锻炼这种能力的最好机会，就是询问近况的对话。

询问近况是日常生活中随处可见的场景。如果不能在第一时间想出什么有意思的事，那么讲述近况就会变成流水账，还会把自己的心情也讲得过分详细，让对方觉得很厌烦。但如果直接回答"最近没发生什么特别有趣的事啊"，又会让对方觉得"这个人真无聊"。

这就需要我们具备例举能力和瞬间反应能力。比如对方问："最近这一周，有没有发生什么令你印象深刻的事情啊？""有什么新变化吗？""一切顺利吗？""还那么忙吗？"你都需要瞬间找出让人感兴趣的一段内容，讲给对方听。

在大学授课时，我也会让学生进行这种训练。

通常上课前，我点到学生名字，学生只回答"到"。我感觉这样做既无法获得什么新的信息，还很无聊，等于在浪费时间，于是要求被点到的学生用五秒到十秒的时间简单说一下近况，比如自己最近喜欢做什么事、遇到什么让人大吃一惊或觉得非常有趣的事等。

学生想说什么就说什么，很自由。当然，只说自己想说的就好。有些人回答得很简短，比如"昨天剪头发了"——只花两秒就结束了报告。

每周进行这种训练，都会收获惊喜。随着时间的推移，学生们的近况报告也变得越来越有趣。"上个星期我被恋人甩了。""我搞砸了一件事，被我弟弟笑话了。""最近去看了电影《波西米亚狂想曲》，从头唱到尾。"学生们都能用几秒钟时间，将自己的近况十分生动地讲述出来。

有些学生在一开始很难开口，训练了一年后，就讲述得十分流畅。不仅是学生，连我本人也受益匪浅，从学生们讲的有趣故事中获取了不少灵感。

突然间被要求讲一件事时，谁都会有点不好开口。但如果平时能做一些长度约十五秒的近况报告练习，那就能克服难开口的障碍，当场就能精确地找出话题去讲。

近况报告训练是提升说明力的重要一环。

训练2

个人经历是训练说明力的好素材

前面讲过,我在课堂上会要求学生总结一本书的内容,进行约一分钟的口头讲述。讲述结束后,再由聆听了讲述的学生们两人一组,互相讲解刚才那本书的内容梗概,并附带聊一些个人理解,进行分享。

其实,听讲的学生并没读过这本书,只是因为刚听了一分钟的讲解,所以基本上能讲出部分内容。如果一个学生十分认真地把一分钟讲解听完,那他理论上同样能做出一分钟的讲解。

在复述梗概之外附带讲述个人理解,就等于把刚刚听别人讲述的内容,转换成了自己的讲述、自己的知识。向他人说明一件事时,如果能补充进一些个人经验,不仅能让说明更好懂，也可以更进一步加深我们自己的理解。

在《论语》中，有"力不足者，中道而废；今女画"这么一句话。这是孔子斥责弟子冉求时所说，意思是：如果你真是能力不足，那会在做到一半时才放弃；但你现在一开始便说自己能力不足，这就是在做一件事之前，先给自己划定上限，是在为不努力找借口。

有个学生在解释这句话时，就结合了自己的经历："参加升学考试前，其实有一所心仪的地区名校。但是当时觉得自己能力不足，就放弃了努力。可那时，我的老师非常热心地指导我、支持我，后来我拼命学习，真的考取了这所名校。"讲完这个故事，他又进一步说明："所以孔子想要表达的是，从一开始就给自己划定上限是不对的。这样一来我们将毫无进步。"如此一来，听的人也就理解得更为顺畅了。

前几天，有个学生拿来一本名叫《污秽与禁忌》的书，进行了一分钟讲解。

这是一本比较倾向于学术研究的著作。单听书名，并不太能激发读者的兴趣，学生们都感觉这本书应该很难理解。

但这名学生在讲解时，却是从一个非常独特的角度切入的。他举了一个极为日常的例子：剪指甲。剪指甲的时候，我们是不是常觉得剪掉的那部分看上去有些脏？这是因为人类不擅长面对那些无法明确性质、不清楚究竟是否属于自己的东西。所以，在看到杂乱的、性质模糊的东西时，我们总感觉有点可怕、有点肮脏。

每次授课结束，我都会要求学生票选当天最优秀的讲解。那天，三十名学生中有超过半数都选择了这位讲解《污秽与禁忌》的同学，可以说是遥遥领先了。

明明是一本很难理解的书，但举出一个好懂的例子之后，解释工作瞬间变得轻松了。所以就算要讲解的内容很难，只要能有效利用个人经验去配合讲解，你的说明就会变得好懂。

希望大家进行书本总结训练时，在总结了要点后，还应该想想能与之相结合的自身经验。

这个接受一分钟说明训练的班级共有三十名同学，每次课上就能介绍三十本书。上十次课，就能听到三百本书的说明讲解。

因为每个人讲解时使用的那张总结了要点的 A4 纸会发给在场所有人，所以课程结束时，每个人手中都会有三百份资料，也都获取了这三百份文件中的知识。

这些可以大大拓宽他们的眼界，称得上是一份宝贵的财富。的确，我的很多学生都曾说过："了解这三百本书，拥有这三百份资料，它们都成了我的财富。"

授课刚刚开始时，很多学生不知道要如何概括内容。做一分钟说明时也一样，有些学生完全没掌握要领就稀里糊涂地讲解完了。他们当时说："虽然已经读完了，但没想到做说明这么难……""虽然书名叫这个，但是内容和书名却没什么关系，里面内容很多，但是要挑出印象深刻的部分却很难……"，等等。

不过，只要按照这样的流程——一行说明、主旨说明、引文——进行说明训练，到最后班上所有的学生都能说得精练且有趣。后文将详细介绍这套方法。

到课程最后，三十个人都能做出非常优秀的讲解，甚至和我亲自去讲解一本书没有什么差别。还有学生告诉我，课程结束后再在日常生活中听别人讲事情，就会觉得对方的说明能力"差得离谱"。既没有先找一句话直击内容本质，也没有具体地总结要点，没有引用，解释得还特别抽象……经过训练后的学生，会自然而然地注意到这些问题。

这或许因为，一般人实在是不太会接受具体的说明力训练。其实我自己也一样，在没有系统训练之前，我也经常讲不清楚事情。只有经过训练，才能获得进步。

训练3

能让说明又快又准的"十五秒练习"

大家觉得要说清楚一件事,需要多长时间呢?

三秒?五秒?肯定会来不及说完。但倘若要花三分钟甚至五分钟,似乎又过长了,很没必要。

我一直认为,说明一件事所用时长应该限制在一分钟以内。不是最短,而是最长一分钟。一分钟时间,足够说清楚大部分事情了。以一分钟为单位,整理说明内容,快速抓住说明要点去做出精彩讲解,这是完全可行的。

要培养这种能力,"十五秒练习"是一种有效的方法。

我曾主持过TBS电视台一个叫《早上好》的直播节目,在周一到周五的早间播放,时长约两个半小时。

作为主持人,我经常要在广告前的十五秒钟时间内,对前一时间段的节目内容做个简单总结。因为紧接着就是广告时间，所以我说话的时长被严格控制，多一秒也不行。正是这种限时训练，让我的说明力飞速进步。现在，如果有人对我说"还有十五秒钟，请再多讲点什么吧"，我甚至会有一种应该能在这个时长内讲出很多内容的感觉。

不能做到简洁说明的人，通常都有说口水话的毛病。以我的亲身经历来说，"十五秒练习"——用十五秒讲清一个要点，是克服这个毛病的好方法。在大学里，我会要求学生们从大一刚入学起，就彻底贯彻用十五秒时间讲述一切的习惯。课堂上，我会出一些像"用十五秒说一下宗教革命""用十五秒讲一下牛顿的主要发现"之类的题目，要求学生们四人一组，轮流用十五秒钟去说明。重复这种训练，在习惯了十五秒这个长度后，大家会发现，什么事似乎都能简单地用十五秒就解释清楚。

前文中提到的一分钟讲清一件事的能力，也是用"十五秒练习"这条捷径去锻炼的。做到能在十五秒之内简练说明一个要点后，讲清三个要点合计四十五秒。最后再用十五秒进行总结，这就构成了一个完整的一分钟说明。

我认为，所谓"说话的信息量大"，其实就是能在短则十五秒、长则一分钟内,把尽可能多的信息讲出来。"十五秒练习"的目标,就是努力做到让讲解干货满满,让人觉得"只有短短时间,信息量却如此巨大"。

训练4

从随处可见的广告学习说明技巧

现在我给学生上课时,不仅要求他们用口述和书面语进行说明,还提出了用多媒体手段进行说明的要求。就是说,为了补充纸面的说明,需要再增添一些图像、音乐等作为辅助。现在的大学生在这方面都很优秀,个个都如同社交网站上的博主一样,不仅能修图片,还能将图片和视频片段剪辑在一起,制作一段仿佛电影预告一样的短片,令我十分吃惊。

传统的口述或书面表达都是慢的方式,音频、视频等新媒体手段则是快的方式。这两种方式结合所达到的相乘效果,能更方便我们传达自己的所思所想。同时掌握快速和慢速两种信息传递方式,并做到表里切实、言之有物,才能达到一个理想的说明状态。

从这个角度来说，广告可谓是一种终极的说明形态了，因为它非常完美地融合了快速和慢速两种信息传递方式。

一则广告通常只有十几秒钟。在这么短的时间内，可以简明扼要地概括出产品特色，却很难面面俱到地描述每个卖点。广告策划人员都是说明高手，他们会避免直接描述产品，转而在"印象"上下功夫，通过影像、声音等多种手段，努力让观众对产品留下深刻的印象，进而驱动购买。

其实，也有一些保险公司的广告策划人，可以将文字信息极度精练，再配合图解的方式，也能将极大的信息量全部浓缩到十几秒钟之内，井井有条地说清楚自家产品的优势。

我既参演过广告的拍摄，也曾作为制作人参与过广告的策划，所以非常清楚这短短的十几秒是凝聚了众多人智慧的产物。单纯的影像传达，将影像与文字信息相结合进行传达，或者仅对文字信息进行精加工而后传达……可以说任何一则广告都凝聚了制作者们的聪明才智。

生活中广告随处可见，我认为，想提高自己说明力的人，应该从各类广告中借鉴优秀的说明案例和灵感，这些都可以帮助我们在日常生活中提升说明效果。

影像、图解、情景对话、音频……希望大家能大胆尝试广告的各种常见手法，帮助自己在说明力方面更进一步。

训练5

把听的人假想成小孩子

同样的说明内容,如果是讲给小学生而不是大人听,你自然会调整表达方法。因为和小学生解释一件事时,需要提前预想到他们的理解能力相比成人更低一些,所以要做好准备,讲解得更加简单好懂才行。

所以,想要提高说明力,可以有意将听的人想象成小学生,在这个前提下找各种主题进行说明练习。

小学一年级的学生受限于词汇量,很多事都不太能理解,但小学四年级的孩子会好很多。如果用词简单,讲解得细致认真,一般四年级的孩子都能明白。所以我建议大家以小学四年级的学生为假想对象,练习说明各种内容。

例如,对小学生讲解海德格尔的著作《存在与时间》。

这是一本艰深的学术著作，所以说明时一定要注意避开海德格尔特有的哲学专业术语，直接去简单阐释其本质内容。你可以这样解释——

  对于人这种生物来说，时间是非常重要的。任何生物的生命长度都是有限的，但其他生物并不会整天思考死亡这件事，或者就是自然而然地走向死亡，可人不同，人是在明白"自己总会死去"这件事的同时去活着的。海德格尔认为：正是因为人会在关注死亡的同时去生活，所以才全力去活着，努力让生活更充实，这才是人应有的模样。所以，我们要在有限的生命中尽力活出自我。我们要不断地做出选择，一个又一个连续的选择造就了我们的人生。比如，决定进足球部还是棒球部，这就是我们人生的选择之一，这个选择会影响你将来成为足球运动员还是棒球运动员。人是不可能永生的，所以要时刻提醒自己，生命有限，时间有限。我们就存在于这有限的生命与时间中。

  避开哲学术语，按照上面的意思去解释，小学四年级的学生也完全可以听懂。当然，为了配合孩子们的理解水平，说明时还可以把某些措辞转换成更加简单的表述。想找到既准确又简单的表述，就必须先透彻地理解内容的本质。而通过对同一段内容的反复说明训练，我们必然会对其本质理解得更为深入，学会将难懂内容"翻译"得更好懂，同时也能提高遣词造句的水平。

很多研究者和专家只知道使用专业术语，把话说得很绕，这样必然无法让业余人士一听就懂。如果一个人具备真正优秀的说明力，那么不论面对小学生还是商务人士，抑或是老年人，他都能让对方明白自己的意思。

只有深刻地理解了一件事的本质，才能用自己的话去替换其中的表达。锻炼小孩子都能听懂的说明力，能够大大提高我们这方面的能力。

训练6

随身携带秒表，锻炼时间感知力

在日常生活中随身携带秒表，能够帮助我们提高说明力。我自己就是这么做的，走到哪儿都会随身带一块秒表。

现代人使用的智能手机都带有秒表功能，但那只不过是手机的一种功能罢了。光用手机是不够的，想要切实地提升时间观念，就必须随身携带一块实体的秒表。

开会、陈述或者发表报告的时候，可以在说完"那么请给我五分钟时间来做说明"这句话后，悄悄按下秒表的按钮。秒表可以设置成无声模式，这样在使用时也不会影响到周围的人。

想象一下，一开始就说好要做一个五分钟的说明，然后准确无误地在五分钟结束时完成了说明，听的人心中想必会涌起一股钦佩之情吧？我见过很多销售人员，打电话约客户见面，明明说好"关于产品介绍，只给我五分钟就行"，结果却含含混混、毫无逻辑地说了三十分钟，给人留下很差劲的印象。这种情况只要出现过一次，客户一定不会再给他第二次机会。反之，如果在刚刚好五分钟的时候结束讲解，就能很容易地赢得客户信任。客户知道对方说到做到，时间观念很强，以后再接到邀约电话时也一定会欣然同意。

我想，很少有人会在说完"请给我五分钟"的同时按下秒表吧？正因如此，这么做才更有意义。按下秒表，展示自己在时间管理上远远超出大多数人的出色能力，这是说明高手的表现。

也许有人在心理上过不去，觉得哪怕不被对方看到，这么做也不太礼貌。请记住，使用秒表只是为了磨炼我们自己的时间感知力，从而不给对方带来更多麻烦。这绝不是什么失礼的做法。说得极端些，我甚至希望秒表能成为大家的朋友，一生相伴左右。

当然，跟朋友聊天时也要按秒表计时就有点奇怪了。彼此亲近、闲聊，这是为了维系人际关系，不必太过在意时间，放松去聊就好。但在正式场合做陈述时，最好还是能干脆利落，速战速决。如果一个人平日里性格温和，人缘很好，但一涉及工作就拖拖拉拉，很不干脆，那他必然会给别人带去负担和困扰。

  我常受邀参加一些演讲会。一般在这种场合下，只要主办方限定每人五分钟讲完，我就一定能正好在五分钟时结束。可其他演讲者几乎没人能做到准时结束。整场演讲会的总时长不可能延后太多，结果留给最后一位演讲者的时间就少得可怜了。这样做不仅是对他人的不尊重，也是犯规行为。既然规定了是五分钟，就应该在五分钟内讲完。规定了两分钟，那就应该两分钟内讲完。开会时也是一样。明明时间紧迫，可是整个会议过程却懒懒散散，预定要在一小时内结束，可是延后个二十分钟竟然也毫不在意。如果在时间方面始终这样散漫，那说明力是永远无法进步的。

  大家应该随身带上秒表，严格锻炼时间把控能力，这样必然会对提高说明力很有帮助。

训练7

为别人的说明打分

把自己放在旁观者的角度,客观地聆听他人的说明,也能帮助提高自身的说明力。

也就是说,聆听说明的同时,还应该关注其中的优点和缺点。

如果抱着听过就算结束的心态,那最多只能收获一些信息。但倘若一边听一边留心优点和缺点,就能注意到很多细节,比如"这个人说明的切入方式很棒""这段说明太过在意细枝末节了,导致整体上很难理解"等。

如果觉得一段说明很好懂,就应该主动去分析是什么让它如此好懂。如果觉得难懂,也要去主动分析是什么导致它难懂。这样做能够帮助我们发现很多技术要点,比如

90

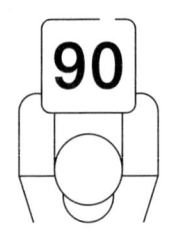

"这段说明首先明确了结论,所以比较好懂""这段说明一直在重复细节,所以比较难懂"等。

分析一段说明,并取其精华去其糟粕,才能提升我们自己的说明力。

从工作汇报、会议报告,到私人谈话,我们的日常生活中充满了各种各样的说明场景。

比如,婚礼致辞其实也属于一种说明,很多人参加婚礼时都会留意新郎新娘或者其父母的致辞,一边听一边做出"这段太感人了""这段引入太长了""可能因为激动吧,语速太慢了"等评价。

新闻资讯类节目经常邀请各领域的专家做嘉宾,观看这类节目时,一定要认真聆听嘉宾的发言,这是提高说明力的捷径。电视节目都以秒为单位管理播放时长,参与此类节目的人员都是非常擅长说明的人,不仅时间观念很强,也很有表达技巧,非常值得学习。

平时养成认真聆听的习惯,等到我们自己做说明的时候，就能自然而然地注意到曾经关注过的要点，帮助自己说得更好。

所以，不要只是心不在焉地听人讲话，而应该关注他们的内容和说话方式，哪里比较好懂，哪里比较出色，从而总结出一些提升我们个人说明力的好技巧。

训练8

总结最近读过的一本书

我在大学课堂上这样训练学生们的概括力：随便找一本书，用最多一张 A4 纸的篇幅概括其内容；然后根据纸上的概括，每人进行一段口头陈述。

我的学生们读的都是文科专业，我不仅希望他们能够在大学期间多多读书，将书本中的知识学到手，还想让他们掌握良好的读书方法，于是在课堂上设置了这样的练习，其流程如下：

第一步，写下书名。

第二步，用大约三四行，也就是一百二十字左右，从整体出发讲清这本书的中心意思。

第三步，将中心意思进一步拆分成三点做具体阐释，我在本书第一章中曾经讲到过，总结要点时，我们往往想要多讲几点，但是请务必咬牙将重点总结在三条内。仅是做到这一点，整个说明也会变得好懂很多。

第四步，选择三段阅读时深受打动的引文。我会在课堂上请每位学生朗读出来。

最后，用一句具有宣传语风格的文字，将这本书最亮眼的内容表达出来，并将其放在整段概括的开头部分。这句宣传语必须要有那种一语中的、直指要点的利落感，最好还要让听的人感到有趣和恍然大悟，引发他们进一步阅读的兴趣。

那么，就以我所写的《文科能力是一种武器》为例，进行概括吧。

书名
《文科能力是一种武器》（斋藤孝 著）

一句话说明
文科生以理科生所不具备的优势，推动着世界的发展。

主旨
很多人都认为人文学科的知识不实用，但实际上，与理科生相比，文科生有特殊的优势。他们的能力有三点：

第一，能够从综合角度去接受事物，并有从大局出发的判断力；

第二，喜好具体性和复杂性，并拥有从这两种特性中创造价值的能力；

第三，具备强大的沟通能力。

本书还提供了磨炼以上三种能力，并运用于日常生活中的方法。

引文

① 从根本上讲，他们有着对语言和人类的兴趣。也可以说，他们对那种自然科学很难触及的领域拥有一种浓厚的兴趣。这既可以说是文科生的一大特征，也可以说是他们的一大优势。

② 如果说理科头脑的特长是概括，那么文系头脑的特长就是找出一些具体的复杂性，并很好地运用它们。

③ 沟通能力是一种辅助能力，文科生能很好地运用这种能力，汇总各方意见为自己所用。这可以说是文科生的生存策略，能大大丰富其自身的技能。

按照上述方式完成概括后，我会继续要求学生们用一分钟的时间做一段口头陈述。现在是智能手机的时代，做陈述时，每个人都用手机为自己计时。

将说明时间限制在一分钟内，就很少有人会在每句话

的开头部分带出"呃……""那个……"这类没有用的词了。学生们的说明大多以简洁的"这本书讲的是……这个主题，它的主要内容为……"展开。一分钟结束后，陈述人会请全体一起朗读引文内容。整个过程下来，听的人就会有一种"明明没读过这本书，却已经很了解书中内容"的感受。

选书时，建议选择社科类图书。这种书本身就是为了把一件事情说清楚而写成，所以概括内容的过程也是一个汲取精华的过程。重复这一过程，就可以快速将本质从诸多要素中提取出来，概括力也就自然而然得到了锻炼。

拿到一本书后，首先看封面。封面上通常都会有一段介绍本书内容的文字。先看一下这段文字，大致了解一下内容梗概。

接下来，就是翻看前言。大部分前言的内容就是总结了作者想说的话。读一读前言，也能大致了解一本书讲了什么。这不是投机取巧，而是非常高效的阅读方法。

再接下来，阅读目录。如果一本书写得好，那它的目录必然有很强的逻辑性。读过目录，就等于了解了一本书的骨骼结构。尤其是一些面向大众读者的社科书，因为在编写时会做到结构严谨和通俗易懂并重，所以其目录一般都条理清晰且轻快好读，甚至单凭目录也能了解书中的详细内容。进行说明训练时，应该首选这类书，并以目录为中心进行练习，效率最高。

读书是锻炼头脑的最好方法。多读聪明人写的东西，我们的头脑也会变得更聪明。书可以表现作者的思维，通过阅读，读者能共享作者的思维。这个过程既能帮助读者整理思路，也能锻炼读者的思考能力。就好像，和一个运动健将一起训练，也能自然而然获得进步。

对于一般人来说，想和一流的运动员一起训练很难。可是读书却不同，我们能够通过阅读轻松接触到一个领域中一流人士的思维。如此看来，使用书本锻炼头脑，何乐而不为呢？

训练9

用三色笔整理说明思路

我在前文中曾经推荐过一种好用的道具——三色笔，在需要阅读大段资料、总结并说明其要点时，它能帮助我们梳理内容，明确主次。

阅读资料时，分红、蓝、绿三色画线。绝不能漏掉的极重要部分用红色，次要部分用蓝色，并不是很重要，但内容比较有趣的用绿色。绿色内容的划分是带有主观色彩的。照此方式整理资料，主次层级就可一目了然。

我从十几岁时起就用三色笔来整理内容，帮助学习和备考，一直坚持了四十多年。我对自己有一个要求：手边的资料没有任何标记就放在一边是绝不可以的。只要看过，就必须用三种颜色去勾画重点，这样做不仅有利于掌握关键词，提高说明力，对文件分类整理也有帮助。

这种方法的应用范围非常广泛。比如，在开会时突然被要求发言，如果会前曾按照不同颜色去整理信息，提前做好画线准备，那此时就能迅速找到重点，在既定的时间内讲出适宜的发言内容。

再如，我经常参加一些资讯类的电视直播节目，需要针对各种事做解释和说明。我会事先用三色笔在资料上画一遍重点，并在直播当天提前将画线的部分简单看一下，确保对所有关键词都有大体印象。这样即使在直播中被随机提问，也不会漏掉重点内容了。如果时间允许，我还可以酌情讲一些画了绿色线的内容，炒热气氛。

医生在诊室为患者进行讲解时也可以用这个方法。医生接诊时要和患者说明清楚的内容有很多，如药该怎么吃，手术或身体检查时需要怎么准备、注意什么等。这时，就可以拿着检查报告、药品说明等相关资料，用三色笔一边标出重点一边进行讲解，以此帮助患者加深对资料的理解，减少可能的误读。如果资料上有医生的手写痕迹，患者一般就不会随意放置或随手丢掉，拿回家之后还会再反复阅读，就算资料太多读不过来，也能读一读画线标注的部分，快速了解重点须知。

总之,要达到的目标就是:即便听的人没有仔细阅读,但是翻开资料就能瞬间找到要点。做出一目了然的资料,才能对说明起到补充作用。想要提高说明力,用三色笔画线这项准备工作一定要做好。

训练10

锻炼只用一张 A4 纸
就能说清事情的架构能力

如果要使用资料辅助说明,那资料内容就必须全部总结到一张 A4 纸的范围内。

有些人在进行讲解或开会时,会一口气给听众分发厚达数十页纸的资料。其实,除特殊场合外,只需参照一张 A4 纸去进行说明讲解就足够了。

大多数情况下,听众根本没有时间当场读完太厚的资料,也不会有人愿意认真阅读一沓找不到重点的资料。况且,如果听众都在埋头苦读资料,那你讲解重点内容时就没人在意了。

为避免这种情况出现,讲解人自己手中的,以及分发给听众的资料,都应该是同样内容的一张 A4 纸。避免资料冗余，才能将自己要表达的意思更好地传递给对方。

这张纸上当然要有文字，还应适当加入图片和表格。一张 A4 纸的空间是有限的，所以要选择最合适的信息。这就需要我们具备一定的架构能力。我将其称为"一张 A4 纸的架构能力"。

我在大学课堂上，经常会让学生做提高说明力的练习，比如介绍一本书的内容，或解释"文艺复兴""本能寺之变"等历史词汇。我要求他们必须把要说明的内容总结在一张 A4 纸上，然后以四人一组的形式在组内进行每人一分钟的发言。经过这样的训练，所有学生用一张 A4 纸进行总结的能力都得到了大幅增强。

根据场合选择必要的信息，排列优先顺序，最后总结在一张 A4 纸中，这种架构能力本身就是说明力的体现。说得极端些，如果能将所有内容完美总结到一张 A4 纸里，那只需将这张纸拿给听众看一遍，其实就和做过说明没区别了。

这张纸称得上是一张说明蓝图，凭借它，我们就能让说明更好懂。

回到前面讲的开会问题。明明很多会议内容都可以总结在一张纸上，可总有人分发几十页纸的会议资料，让参会者搞不清应该从哪儿开始读。这或许是因为负责讲解的人自己都不知道哪些是必须说明的要点，也没有好好打磨内容结构。其实他事前就应该明白，照这个样子去讲解，肯定很难把话说清楚。

　　发言人真正该做的准备工作，是先将那几十页的完整资料发送到参会者的邮箱里作为参考，而后以这份完整资料为基础，再提炼出一张 A4 纸的内容。开会时，只将需要讨论的这张 A4 纸分发给参会者就可以了。现在越来越多的公司都选择了这样的开会方法。

第四章

实践"把话说清楚"的实用技巧

1

一开场马上吸引住对方的 "普遍观点＋但是"说明法

从本章起,我们就要谈谈说明力的应用了。我会结合想要在日常社交中达到的沟通效果,介绍针对性的方法。

比如,想一开场就吸引对方的注意力,就要用好"普遍观点＋但是"这个句式。用法是,先在开场时搬出这样一句话:"现在,大多数人都认为……但事实并非如此,而应该是……"然后再逐渐添加各要素进行说明。具体结构如下:

"现在,大多数人都认为……但事实并非如此,而应该是……"

(开场)

↓

"具体来说……"

（详细说明，最多举出三大要点）

↓

"例如……"

（具体举例、事例、数据等）

↓

"总而言之……"

（进行整体总结）

其实，大部分论文都是按照以上方式进行架构的。先提出一个"普遍观点"，再点明"其实应该是……"，并做进一步展开。

不过，即便是写论文，如果对普遍观点的介绍过长，绪论部分膨胀过度，进入正题慢，也会给人冗长拖沓的印象。

所以我们在具体运用这个方法时，至关重要的一点就是把介绍普遍观点的部分渲染得更有冲击性。销售人员在推销时经常说："在同类产品中，其他公司都是主打……但我们公司的产品与众不同，它的卖点在于……"医生在给患者普及健康知识时会说："人们普遍认为……是导致高血压的原因，但实际上……才是罪魁祸首。"这些都是有用的表达方式。可以说，越是能将一段话的开头部分表达得有力，就越能体现说明力的高超。这种讲述方法中包含的意外性，能够在一开局就紧紧抓住对方的心。

此类手法同样多见于电视的咨询类节目或解密节目中。

过去，NHK电视台曾经播出过一档名为《合点》（日文词汇，意思是"了解、领会"）的资讯类节目，其中一期内容是关于脂肪的。

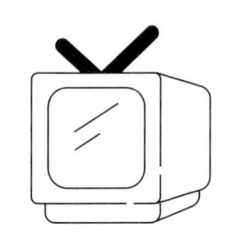

节目的开头部分告诉观众，居住于加拿大等冰雪地带的因纽特人经常食用海豹，因为海豹身体里积蓄着大量的脂肪，所以因纽特人就成了全世界脂肪摄取量最高的人种。虽是如此，因纽特人却很少罹患动脉硬化引发的心肌梗死，检查他们的血液时，发现其中的胆固醇含量非常低，他们的血液十分健康。这究竟是为什么呢？

摄入过多脂肪容易导致胆固醇升高，这是大多数人的共识。这个开头却反其道而行之，勾起观众的兴趣，我也无意间被它深深地吸引住了。

接下来，节目组就是用前面提到的"普遍观点 + 但是"说明法继续展开内容。

有种脂肪叫作"欧米伽3"，海豹的脂肪正属于这一类，这种脂肪能够令血液清爽不黏稠，这就是因纽特人血液中胆固醇含量低的原因。但倘若摄入过量的欧米伽3，会导致血液变得过稀，很容易发生这样的情况——紧接着屏幕上出现一张因纽特人流着鼻血的照片，非常直观地将血液过度稀释后很难止住的情况传达给了观众。

那么，要如何才能摄取到这种健康的脂肪呢？在日本并不能买到海豹肉，但是另一种油类之中也含有欧米伽3，这就是紫苏籽油。得出这个结论后，节目结束。

在讲解过程中，屏幕上不断出现影像资料、数据、图表作为补充信息，让内容更加直观易懂。可以说，这一期节目非常优秀，它做到了始终紧抓观众的注意力。

当我们想要去说明些什么时，首要任务就是引起对方的兴趣。如果听的人一上来就觉得无聊，接着分心走神，那么不管你怎么努力，可能都无法让对方理解你。

在持续吸引听众注意力这方面，电视节目可以说做得很棒了。因为遥控器就在观众手里，编导必须有确保观众绝不会换台的表达技巧。"普遍观点 + 但是"说明法就属于这些技巧中的一种。而在日常的人际交往中，我们自然也可以多多灵活运用这一技巧。

2

适当加入主观感受，让说明更生动

看了《合点》之后我知道了紫苏籽油的功效，于是立即跑去附近的超市准备买一瓶，结果去的第一家店就已经没货了。看来那期电视节目的效果很突出，紫苏籽油卖得非常好。

但我特别在意摄入健康脂肪这件事，想方设法也要弄到一瓶。于是我找了很多家商店，总算买到了紫苏籽油。

虽然每个人体质不同，不过单从我个人来讲，自从每天开始坚持喝一勺紫苏籽油后，体检时血液中的胆固醇含量果然明显下降了。当然，也可能有其他因素影响，但这个效果还是令我大吃一惊。

因为亲身经历了这件事，所以我那段时间聊天时都会找机会和别人谈到紫苏籽油。在这个过程中，我一定会结合自身的经验，告诉大家"我实际食用后，胆固醇下降到……了哟"。

讲这个例子是为了告诉大家如何在把事情讲清楚的基础上，进一步达到让听的人深受感动的效果。方法就是在所要说明的信息之中加入一些个人的实际体验，你会发现自己的说服力瞬间提升一个档次。

如今是信息时代，想要知道什么东西马上就可以上网搜索，总能找到一些还算不错的讲解。然而，听一个人讲他的真实经历，要比从网络上看一些不痛不痒的文字更有获得感。因为听人讲述时，除了可以了解内容，还能十分生动地感受到那个人的热情。这种情绪可以撼动心灵，产生的冲击力是任何文字所不能比的。

比如，要给人介绍《波西米亚狂想曲》时，如果平铺直叙地说，这是世界著名摇滚乐队皇后乐队的传记片，它以弗雷迪·莫库里的一生为核心，细数皇后乐队成员们数十年的坚持，最后以温布利体育场大型演唱会的影像资料收尾——这样介绍估计不会给人留下"这部电影似乎很有趣，非看不可"的印象。

但是，如果在上文那段讲述之后加上这样的描述："我去看过这部电影，最后那段演唱会的内容给人感觉身临其境，音乐声特别激昂，让人热血沸腾，简直就像弗雷迪·莫库里又复活了一样！"对方大概就会心动，也想要去看看了。

我在本书中一直强调，说明的一个要点是"形式"。好的形式是大前提，这一点毋庸置疑。只要遵循一定的形式，说明力就能提高。但形式只能让你的说明更加精确、简练，却无法为其注入情感。固守某种形式，很可能让说明变得寡淡。具备优秀的说明力，意味着既要按照形式，干脆利落地讲解内容，又要在其中加入情感的波动起伏，让说明打动人心。如果能通过一段说明展现自己有血有肉的生动一面，听的人必然会深受感动。

其实，在一段说明中加入我们自身的体验，不仅可以把热情传递给听的人，也能让我们自己在无形中进入激情满满的状态，甚至出现超水平的发挥。

一门心思地想着"要解释，要解释"是远远不够的。当然，一些确切的数据、事实、出典，以及客观的论证都是必需的。但是在此之上，要再加上我们个人的情感，才能讲得更精彩。

3

请聆听的人参与到你的说明过程中

想产生打动对方的效果,还有一个方法,就是在做说明时请对方也参与进来。

我在课堂上常用一种叫"复述法"的方法来讲解知识点。我会自己先朗读这一节课的要点,然后请学生们跟着重复一遍。只要学生们发出声音去复述,并且听到了自己的声音,那么这段内容就能够在记忆里留存下来。

这就是一种请对方进行实际操作的参与型说明方式。所谓"实际操作",就是不单让对方聆听说明,还要请对方去实践说明内容。真正动手去做,很可能会让对方瞬间领悟内容的含义。

我中学时曾去铃鹿环形汽车赛道参观过,并在那儿学习到了汽车构造的知识。当时还举办了小型活动，可以让我们亲手拆解真正的引擎。

实际拆解引擎的机会非常珍贵，我们那一组的同学们都非常兴奋，很快就把一整个引擎全都拆散了。没想到，指导老师却突然又说："好的，那现在请你们再原样组装回去吧！"搞得我们顿时都愣住了。

那些稳扎稳打的小组，会将拆下的零件按照顺序一一排列好。而我们组因为根本没考虑拆完之后还要装回去，所以一股脑地全都拆乱了，最终也没能原样装好。

时隔四十年有余，这段回忆如今仍旧十分清晰地印在我的脑海之中。

之所以记忆鲜明，就是因为我当时并非单纯聆听讲解，还参与了实际操作。这可以说是一种非常强大的说明方法，它所留下的痕迹甚至在我的记忆里跨越了将近半个世纪。

这种方法适用于很多场景。比如我在学校的历史课堂上，常会用到写着知识点的纸牌教具。我发现，每组一副纸牌，和整个班只有一副纸牌，这两种情况下学生对知识点的理解程度会完全不同。前一种情况下学生的表现会非常活跃，但在后一种情况下，因为只有老师站在讲台上翻纸牌，就很难引发学生的积极性。

上体育课踢足球时也是一样。干坐着一直看老师示范毫无乐趣，学生们肯定希望人手一个足球，赶紧开始练习。

我曾看过一部叫《一千个孩子在等车》的纪录片，讲的是智利的一位名叫艾力西亚的老师如何让贫穷的孩子们了解电影。艾力西亚给这些因贫穷而很难接触到文化艺术的孩子们一人发一个叫"西洋镜"的玩具，通过它能够了解到拍摄电影的基础知识。要手工制作这个玩具非常耗费时间和精力，但是老师一定会给每个孩子都准备一个。

我当时对这个片段的印象非常深。艾力西亚一定是希望每个孩子拿到一个玩具，回家之后也能通过实际操作进一步理解老师课上讲过的内容，了解电影的魅力。

还有一种方式，就是准备一些纸质资料发给听众，一边说明一边请听众在资料上填写内容。有些人不发纸质资料，仅依照PPT来做讲解。这样做的确方便，听众无须动手，光是看就有种理解了的感觉，其实听过之后很难产生印象。另外，为了让PPT的投影更清晰，室内光源通常都会被调得很暗，让人昏昏欲睡，严重影响说明效果。

让听众自己动手在纸上填写内容，这也是一种请对方参与的说明方法。说明者展开讲解，听众边听边写，对提升说明效果很有帮助。

4

想让对方理解,就要适度留白

想完成一次出色的说明,确实需要事前考虑好先讲什么后讲什么,并准备好资料。但是太执拗于这些,也不见得就能讲得好懂。说明力强的人并不会太受限于事前的准备,他们大多拥有临场发挥、随机应变的能力。

说明要以对方的感受为本,配合对方的理解程度来推进。如果发现对方没有按照自己预想的那样跟上说明节奏,那就要及时修改自己的说明方向。即便我们想要讲三点内容,但如果对方听完第二点后就已经很难理解,那就应该随机应变,放弃一部分内容,只说两点也可以。

我将这种做法称为"仅此而已法"。就是说,仅将对方能够理解的部分说清楚,让对方只理解这些内容即可。如果对方理解其中一点都很费劲，我们还要按照事先的准备，硬把三点都讲出来，那很有可能会把对方彻底弄蒙，最后只留下一个"什么都没听明白"的印象。相比之下，只选择一部分对方能听懂的去讲，"仅此而已"才更合理一些。

其实，你可能已经在生活中不知不觉地使用了这个方法。比如乘坐出租车时，有些司机未必知道如何操作你所使用的支付软件，需要你给他讲解一下使用方法。这种情况下你一定会简单告诉他"先返回这个画面，再按下这个按键，确认一下内容即可"，绝不会从这样操作的原因讲起。这种大致讲解操作流程的做法，就是"仅此而已法"。

好懂并不意味着必须事无巨细，对于这一点，做事比较规矩、谨慎保守的人可能会不太习惯。在他们眼里，就应该努力把准备好的内容一丝不苟地全部说出来。

其实并没有这个必要，因为好的说明应该符合"仅让对方听懂即可"和"仅说清眼下有必要让对方明白的内容即可"这两个原则。

5

让听的人产生获得感

在说明的过程中，适当采取一些营造氛围的手段也很重要，比较典型的方法就是让听的人产生获得感。如果能在开场部分就让对方有"听了一定会有所收获"的感受，那他一定会更认真地聆听，也更容易被我们的说明所吸引。

营造获得感的方法很多。比如一开始就告诉对方"这是昨天刚刚收集到的最新数据""这些是还未曾公开过的信息"等，强调你所提供的信息非常珍贵，以此来进一步展示所说明内容的重要性。

也可以强调限定感，因为人都很容易被"只在这儿才有机会听到"的事情吸引。比如面对很多人做演讲时，可以用"下面要讲的东西，是只有在这儿才有机会听到的"

来开场，观众一定会被这种"限量供应"的氛围吸引，从而更专注于你的演讲。

还可以向对方强调功能性。"选择这种方法可以让工作更轻松""这一部分是提高说明力的核心技巧""这样做可以有效去污""这样做能把笔记记得更好""这样字能写得更漂亮"……这些都是非常简单的办法，能让对方觉得"幸好有人告诉我，听完很有收获"。

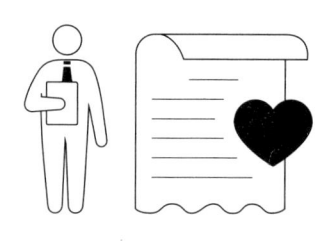

营造获得感不一定只靠语言，如果在做说明的同时附加一些伴手礼，就能更进一步吸引听众。这里的伴手礼当然不是指金钱或者礼物，仅用一张 A4 纸，列一些专为所说明内容准备的延伸信息，然后对听众提一句"今天特别提供了这些纸质资料，可以自取"，就能把这张纸变成增强听众获得感的好工具。

当然，"获得感"的意思是真的能让人有所收获。像有些商贩一年到头都打着"限期促销，买到赚到"的广告，有些人动不动就对你说"这样做能赚大钱"，这些都是不可取的。获得并不仅仅是金钱方面的收获，更不是投机取巧。要踏踏实实地考虑听众的需求，为自己的说明营造真正的获得感，这样对方聆听时的专注度才会大幅提升。

这都是提升说明力的好方法，学到了就不亏哟。

6

制作易懂的图解

　　图解是能对说明起到点睛作用的补充资料。从详细的解说内容中提炼要点，画出一个骨架，能让人快速从整体角度理解内容，这是图解的长处。

　　制作图解，可以先画若干个框，框住关键词，然后按照主次顺序为每个框标明序号，再用一些箭头、线段等记号将这些关键词串联起来。

　　我们经常看到一些图解将意思毫不相关的两个名词摆在一起，或者把毫无因果关系的两个词之间画上了箭头，这种仅仅将关键词提取出来的图解，无法达到帮助理解的目的。

　　将关键词之间的关联性视觉化，是图解的基本操作，所以箭头的使用非常重要。箭头的方向面向哪一边？是正向的还是反向的？是表达时间顺序还是因果关系？这些都要视关键词之间的内在逻辑而定。如果没有切实地对照内容来使用箭头，就做不成很好的图解。

图解的应用非常广泛。比如，菜谱就是一个典型例子。长篇大论地堆砌文字很难让人理解，但是使用图解，用"步骤1""步骤2"去标注顺序，就能瞬间让人一目了然。再在图解旁加上例如"一大匙""一小匙"的插图，就更容易帮助理解了。

公司里进行新员工培训时，使用图解也会更加方便。对于老员工来说，很多日常工作都是自然而然的习惯性动作，但想让新员工在短时间内养成这种习惯并非易事，一味地口头提醒又会非常琐碎。这时，如果先整理好工作顺序，再用图解标示清楚的话，就可以把这些琐碎的流程可视化，新人们只要按照箭头指示，就能轻松弄清"先做完这件工作，下一步是那一件"。

制作图解时，可以采用"手写 + 上色"的步骤。

如今电脑作图已经非常普及，但手写仍有无可比拟的优势——会令图解变得十分引人注目。因为打印总给人一种冷冰冰的感觉，读过也很难记到脑子里。但是手写字有种人类特有的温度，所以读起来更好理解。

现在的书店都会制作图书宣传卡，就是摆在书旁、明信片大小的立牌，上面写有这本书的卖点。我认识一些书店的明星店员，他们就用手写的方式制作立牌，比起电脑制作的更能受到读者的关注，也更能提升销售额。

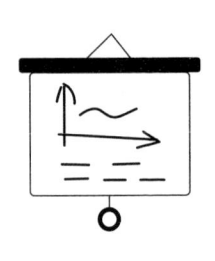

就算做不到全部手写，只在某个要点部分采用手写体，也能营造出一种"手作感"，这也是制作好图解的一个小窍门。

此外，如果能制作彩色的图解，就更方便理解了。我常运用这个技巧，帮一些智力问答的电视节目做策划。比如，题目是如何在"行"这个字中间添加别的字，让它变成一个新字。我就会把"行"涂成红色，在它中间放一个其他颜色的字。例如，放一个黄色的"重"字，让它变成"衝"（冲），观众立即就能看清这个"衝"字是如何变化而来。像这样，在颜色的使用上下点功夫，也能让说明瞬间好懂。

请大家着重关注以上几点，尝试为说明添加图解吧。

7

巧妙的说明并不拘泥于时间顺序

有些人会对时间顺序太过拘泥,感觉必须要从头开始、滴水不漏地讲起,这种做法往往会给人留下一种拖拉和绕圈子的印象。我在参与会议时,一旦听到发言的人冒出"一开始……""这件事的开端是……"一类的说法,就会忍不住想:"那你倒是先讲结论再慢慢说嘛。"

不先讲结论,听的人就弄不清楚这个话题的走向,于是心生不安,还要带着这种不安感继续听下去,体验感自然很差。试想,如果你正在赶时间,做讲解的人还要从"一开始"讲起,你是不是也会有种"你究竟要说什么"的厌烦感,继而产生"这个人的说明能力好差"的印象?况且,按顺序从开头讲到结论会花相当长的时间,也绝对称不上是一种简洁的说明方式。

我的学生中，不少人都不喜欢上历史课，我想一个重要原因就是大多数历史课程都是从最古时期按时间顺序一直讲到现在的。其实，先从"我们当下的社会什么样子"这样一个结论开始逆推，得出"在此之前的社会是什么样子，再之前发生了什么事，导致了一系列的社会变革"等解释，用这种方式去说明会更好懂，也能让听的人始终保持足够的兴趣。

好的说明方式，是先为听的人展示这段解说的终点，然后不必太拘泥于时间顺序，按照问题的轻重缓急来讲解，方便其理解。你可以开场就用"我们先把这一点确定下来，那就是……"等说法让听的人安心。

当然，有些问题必须要遵循正确的时间顺序来解释，比如工作中的项目复盘等情况。这时，可以先把什么时间发生过什么具体情况等信息打印在纸上，拿给对方当作参考资料，但口头说明时依然从优先项开始讲起。

最后，如果你真的非常在意时间顺序，也可以按倒叙方式进行说明，这种方法也比较能令听的人接受。

8

用智能手机和平板电脑辅助说明

随着技术的进步，我们现在能够使用一些新工具来辅助说明，其中应用最广泛的应该就是智能手机和平板电脑。

手机和平板电脑的最大好处是能制造出共同参与感，让大家面朝同一个方向展开行动，这种形式必然能够引导听的人全神贯注地投入其中。

我跟人开会时经常用平板电脑。在陈述环节，如果需要临时补充一些内容，或者解答对方提出的问题，就能当场上网搜索。到了双方讨论环节，没在讲话的一方就正好能一边听一边上网检索相关信息，这样交换着检索、发言，能快速推进会议过程，直至做出决定。

这就大大提高了会议的效率。

在学校上课时，我也常用平板搜索和展示信息。因为学生们都带着手机，所以当我在台上说"那请大家找出宫泽贤治的《不畏风雨》"时，就算没有纸质资料，大家也能立即用手机搜索到，然后一边看着屏幕一边读诗。这样请学生一起点开某个相关网页查看里面的内容，更能激发他们积极聆听的热情。

很多人都喜欢用PPT来辅助讲解。从关系性上来说，使用PPT意味着拘泥于"我是讲解者，你是聆听者"的分工。更好的方法是让双方共同承担起一场说明活动。从这一点来看，善用手机和平板可是非常有益的。

9

开口前先想好结尾那句话

说明结束，需要有一个出色的收尾。

如果你按照本书所指导的那样，说明得十分简洁，内容架构也十分出色，那也有可能会遇到节奏太顺畅，反而没能在听的人脑中留下什么印象的问题。为了避免这一问题的产生，应该抓住你说明内容中非常重要的部分，在最后做一个简短的总结，再强调一遍。如果你的说明本就不够简洁，那更需要在最后整理一下内容要点，简单总结，再度强调。

前文中我已经讲过，说明开头部分的文字要有宣传语性质。到了说明的最后部分，可以把开头的那段话改变说法，再强调一遍。如果你能把这段总结写得短小简洁、节奏顺畅、语言轻松幽默……总之就是更便于被对方记住，那么你的这段总结就是成功的。

《日本经济新闻》曾经邀请我做过一场演讲。在演讲前和主办方商谈的时候，我们已经确定好了要讲的主题。但是我在演讲前又问了主办方一个问题："在这场演讲中，您最希望让听众听到的一句话是什么？"对方告诉我："希望您务必将'想获取信息，请选择日经'这条宣传语告诉听众。"这句话本身就非常简练，也很容易记住。于是我就把它用在了演讲的总结部分。

我希望大家也能像这样，在说明之前就先行决定好以什么内容做总结。如果没有提前决定好总结的内容就开始说明，那很有可能一路讲到最后，却怎么都总结不好。

"也就是说，……即是……""最后再强调一遍，请大家只记住……即可""最后，希望大家在……的时候使用……"等收尾内容应该事先想好，并同时想好如何自然过渡到结尾。这样的收束方法才比较合理。

10

培养把事说清楚的气场

只有能被对方记忆下来的说明,才称得上是好的说明。要达到这一点,学会本书建议的各种技术很有必要,同样,说明者自身的人格魅力也十分重要。

当听的人感慨"说得真好呀",就说明他们在听懂内容的同时也认可了说明者的人格。如果总感觉一个人有点讨厌的话,那就算他讲得再好,也不会给人太大好感。

究竟想不想听一个人说话,这种情绪本身就很重要。如果一个人产生了听的意愿,意味着他在情绪上就接受了说明者,那最后的效果一定不会差到哪里去。

每个人都有不同的性格,不过一般而言,知性、爽朗、直率且积极的说明方式比较能展现出一个人的真诚和洁净感，这些特点也是非常容易被大部分人接受且喜欢的。比如我最喜欢的媒体人武田真一，他是NHK电视台晚间新闻的核心成员，还担任过《红白歌合战》节目的主持人。武田的主持能力自不必提，其个人魅力也是帮助他获得极高人气的一大要素。在进行说明时，他那诚恳的气质会充分展现出来，吸引观众用心聆听。

另外，如果能在上述的基础上加入一些幽默感，让听的人跟你一起哈哈大笑，那就更好了。像TBS电视台的主持人安住绅一郎那种水平的媒体人，的确可以轻松地炒热气氛，让大家笑起来。但对于普通人来说，很有可能会出现勉强讲了个奇怪段子，结果反而冷场了的可怕情况。

所以不必非逼着自己去讲笑话。只要能面带微笑，传达一种开朗轻松的气氛就够了。如果你讲话时一脸愁苦，听的人也会感到很痛苦。但是如果你能表现出愉悦的情绪，听的人也会产生一种"啊，这个人看上去真开朗""挺干脆利落的，感觉不错"的好感，从而认真地将说明继续听下去。

展现诚恳、干脆、愉悦的气氛，这是优秀说明者应该有的气场。

11

隐藏自己的紧张感

要想说得好，就不要在说明时表现得太紧张。如果太紧张，这种感觉就会传递给听的人，令其感到疲劳。

用一种放松的、十分习惯的感觉去说明，这样对方才能认真聆听。

要在听众比较多的大会场讲话，我们一般会反复地练习讲述内容。越练习说得就越好，随着不断地重复，我们会逐渐得心应手，最后将十分轻松地走上战场。

经过反复练习后，我们的这种游刃有余的气场也会传达给会场上的所有人。这种气氛也能帮助我们说得精彩。

反之，战战兢兢紧张不已，总会给人一种行为怪异的感受，让听众觉得"这个人看上去就没什么自信呀"。并且陷入一种听得十分不安心的状态之中。

大家可以用落语（日本的传统曲艺形式，与中国的单口相声相似）作为参考。大家听着落语表演捧腹大笑，是因为表演落语的师傅已经讲解得非常纯熟，给听众带来一种悠然平稳、游刃有余的感受，所以大家才会边听边被逗笑。

如果一个落语师傅总是紧张地重复一些台词，看上去毫无余力的样子，那他的这种紧张感也会传达给观众，搞得观众没心情发笑。

如今的电视节目《笑点》的主持人春风亭升太，就是以一种愉快和开朗的风格去主持节目的。他在台上丝毫不会表现出紧张感。也正是这种台风，《笑点》才为观众们带去了无数欢笑。

要营造出这种放松自在的气场并不简单，也难怪他会被选为《笑点》节目新一代的主持人了。

在说明中，这种得心应手的放松感同样重要。

12

用吐槽的方式调整说明节奏

在说明过程中，尽量不要用讽刺的言辞去引人发笑。那种毒舌发言，就连专业的搞笑艺人也会使用不当，结果搞砸表演。对于一般人来说，还是不要勉强去用比较好。

我本人也是如此，尤其在电视节目中，绝不会勉强自己去做这种事。在演讲时我倒是偶尔会言辞略微尖锐一点，但因为会有不少人现场录音、录像，说话稍有不慎就可能会闹出大事。

如果实在想要引听众发笑，那就锻炼自己的吐槽能力吧。比如，可以在讲完某个案例之后适当说一句"嗐，哪有这种好事呢""其实，大家最想听的就是这个吧"之类的吐槽，这样既能收获笑声，也能让说明的节奏更顺畅。

不过，这属于比较高级的技巧，除非对自己极为自信，并且能恰到好处地把握节奏，否则并不推荐大家这样做。

最好还是不要勉强自己去惹听众发笑，而应该用正统的方法——营造诚恳、干脆、愉悦的氛围，这才是达成优秀说明的捷径。

13

说明时要注意语气、语音和语速

有的人在对上司和下属说明同一件事情时,会采取截然不同的说话方式。但是在当今时代,其实更应该采取淡化上下级关系的做法。

如果能对事不对人,倒没什么问题。但如果做说明的一方在完全无意识的情况下给听的人带来一种受到职权骚扰的感受,那就非常不妥了。

即便面对同事和部下,也要像面对上司一般,礼貌大方地去进行说明。这样做也会给对方一种理性的印象,提高对自己的个人评价。

还有的人习惯于事事解释清楚,有时候会控制不住情绪,越说越激动,表达也会变得口不择言。一定要时时注意，你的发言都会被人牢牢记在脑海里。所以在说明或者教育某人时，一定不要觉得我是信息输出者，所以我就更优越，不要说着说着语气就蛮横起来。

说话方式跟个人的音色有很大关系。我建议大家能把自己说话时的声音先录下来听听，再斟酌适合自己的语速、音高等。比如，我的声音比较高亢，所以适合较快的语速。要是让我用这个音色慢悠悠讲话，听上去就比较怪了。反之，声音比较低的人则最好选择慢一些的语言节奏。

说话方式跟每个人的自身条件相关联，请大家自行探索适合自己的语速吧。

14

让你的说明更具个人特色

我非常喜欢日本的当红主持人松子 Deluxe，看过他的很多综艺节目和新闻节目。他的口头禅是"我个人觉得……"，也就是说，他会很直接地表达自己的意见。我想，这应该也是松子备受大家欢迎的原因之一吧。

如果一直泛泛而谈，毫无特色，那还不如直接表达一下个人意见，展现一些属于自己的个人部分。这样反而会更有真实感，更能吸引对方的注意。

试想，不论人工智能技术如何进步，让一个没有自身性格的机器人去讲相声，一定不会令观众发笑。这种艺术只能由真正的人类来做，因为其中饱含了演员的个人特性，所以才能吸引观众，令人感到生动有趣。

在说明中也是同理。如果谁说都一样，毫无特色，那是绝对无法撼动听众内心的。要一边进行说明，一边适当加入些个人特色——"我也使用过这个商品……""我也见到过那个人……""以我在之前公司的工作经验来说……"像这样在说明中加入一些个人部分，更容易产生真实感，也更能引领听众继续听下去。

不论一段说明做得多么条理清晰，简洁易懂，给人的印象也不过只是说得不错。但想要让对方真正听得心动，甚至进一步促成一些事情，只说得简单易懂是远远不够的。

要在简单易懂的基础上，再加上一些说明者的个性，最好让听众看清说明者的面部表情，这样才更容易收获对方的好感，也具备了说服听众的能力。

说到底，一段说明是否能被接受，其实就在于说明者是否值得信任。而这个值得信任的基准，在大多数场合都等同于"真诚"。我有一位同事，就具备能够撼动他人内心的强大说明力。他在处理问题方面简直是个天才，面对投诉时，能通过自身准确的判断去完美解决问题。

而之所以能做到这些，最大的原因就是他很真诚。他不会与对方

为敌，而是会靠近对方，仔细聆听对方，并始终以一种正直的态度积极和对方一起思考对策。而且，他身上始终有一种清爽且平稳的气质。这种气质会打动对方，让人觉得"这个人表现得如此诚恳，好像有点不好意思再投诉下去了……"

我听他讲述过自己处理问题的态度和成功案例，由衷佩服他的完美策略。

我们在日常生活中，要坚持做到简单整理问题，使用准确的表达去和对方进行说明。在此基础之上加入一些清爽、诚恳的个人特色，则必然能够让说明力更上一层楼。

结语
一定要为每次优秀的表达鼓掌

所有将本书读到最后的朋友，我想你已经知道了说明力究竟是怎样的一种能力，我们又该如何提高这种能力。

那么接下来，我们在职场生活中或是商务场景下，只要见到了说明力很强的人，就会自然而然地注意到"这个人说得真不错""总结得又充实又紧凑，真厉害呀"。

了解什么是优秀的说明，这是提高说明力不可或缺的前提。就好像，如果想做一道可口美食，就必须先知晓它应有的美味。

此外，我希望大家从此以后只要听到、看到优秀的说明，都能发出一声"太棒了"的赞美。

读会议资料的时候读到不错的内容，可以说一句"如此复杂的内容竟然用这么简单的几句话就讲清楚了，真不错"。听一个人汇报工作，如果发现他的表达井井有条，也请不吝夸赞"这个总结概括的能力真不错啊"。

遇见说明力很高的人，请努力称赞，这一点非常重要。"说明力强的人好像会发光""说得简单好懂，就是在帮他人省时间"，诸如此类的赞美，其实也能刺激我们提高自身说明力的意愿。

所以，养成每次遇到优秀的说明就去夸赞一下的习惯，这样能让我们对说明力更加关注。或许你一直都只是在无意识地进行说明，然而一旦养成了关注说明力的习惯，说明力就一定会有所提高。

请大家一定要养成这个习惯哟！

如果这本书能够帮助大家提高说明力，并助大家架构起更加良好的人际关系，我将感到无比荣幸和自豪。

斋藤孝

斋藤孝

明治大学教授,沟通术专家

  毕业于东京大学,曾任庆应义塾大学讲师,现为明治大学文学院教授,专业方向为沟通论和教育学。

  他十几年来随身携带秒表,一旦在公众场合说话,便用秒表记录时间,提示自己要尽量简洁、准确、清晰地表达。就是用这种看起来不可思议的方式,在日本掀起了沟通术学习的热潮。

  著有多部与人际沟通相关的作品,累计发行量超过一千万册。

如何把话说清楚

作者 _ [日] 斋藤孝　　译者 _ 董纾含

产品经理 _ 谭思灏　　装帧设计 _ 吴偲靓　　产品总监 _ 木木
技术编辑 _ 顾逸飞　　责任印制 _ 刘淼　　出品人 _ 吴畏

果麦
www.guomai.cn

以 微 小 的 力 量 推 动 文 明

图书在版编目（CIP）数据

如何把话说清楚 /（日）斋藤孝著；董纾含译. -- 天津：天津人民出版社，2022.5（2023.12重印）
ISBN 978-7-201-18303-9

Ⅰ.①如… Ⅱ.①斋… ②董… Ⅲ.①语言表达 - 通俗读物 Ⅳ.①H0-49

中国版本图书馆CIP数据核字（2022）第053683号

ATAMA NO YOSA TOWA "SETSUMEIRYOKU" DA
BY TAKASHI SAITO
Copyright © 2019 TAKASHI SAITO
Original Japanese edition published by SHISOSHA Publishing Co.,Ltd.
All rights reserved.
Chinese (in Simplified character only) translation copyright © 2022 by GUOMAI Culture & Media Co., Ltd.
Chinese (in Simplified character only) translation rights arranged with
SHISOSHA Publishing Co.,Ltd. through BARDON CHINESE CREATIVE AGENCY LIMITED, HONG KONG.
图字02-2022-052号

如何把话说清楚
RUHE BA HUA SHUO QINGCHU

出　　　版	天津人民出版社
出　版　人	刘　庆
地　　　址	天津市和平区西康路35号康岳大厦
邮 政 编 码	300051
邮 购 电 话	022-23332469
电 子 信 箱	reader@tjrmcbs.com
责 任 编 辑	金晓芸
特 约 编 辑	康嘉瑄
产 品 经 理	谭思灏
装 帧 设 计	吴偲靓
制 版 印 刷	北京盛通印刷股份有限公司
经　　　销	新华书店
	果麦文化传媒股份有限公司
开　　　本	880毫米 × 1230毫米　1/32
印　　　张	5
插　　　页	4
字　　　数	84千字
印　　　数	28,401-33,400
版次印次	2022年5月第1版　2023年12月第6次印刷
定　　　价	39.80元

版权所有 侵权必究
图书如出现印装质量问题，请致电联系调换（021-64386496）